好奇心とイノベーション

常識を飛び越える人の考え方

坂井直樹 著

Innovator's Creativity

序文

アフター・コロナ 「新型コロナウイルス後」の世界はどう変化するのか

この原稿を書いている2020年3月現在、世界中が新型コロナウイルス（COVID−19）の猛威にさらされています。未知の疫病の前に我々にはワクチンも治癒のための薬もありません。

目に見えない疫病は皮肉なことに、昨年まで2カ月に1回夢中になって旅をした中国から世界中に一気に広がりました。どの国よりも早くデジタライゼーションの未来型を築いた中国、その武漢で発生したのです。

新型コロナウイルスは、想像を超える速度で世界に広がり、図らずも、世界はボーダレスであることを示しました。まるで映画で見た人類を脅かす感染症のパンデミック（世界的大流行）のような事態が2020年の現実の世界に出現したのです。

人と人が接触する機会をできるだけ減らすソーシャルディスタンシング（社会距離戦略）が実施されています。そしてレストラン、カフェ、バー、ジム、ホテル、劇場、映画館など、多くの人が集まり楽しむ前提で作られたビジネスの場は危険地域となり壊滅的なダメージを受けています。

一方でデリバリーやリモートコミュニケーションなどの「シャットイン（家に閉じこもる）経済」と名付けられたビジネス分野が登場し、新しいサービスが次々と誕生し始めました。オンライン診療の初診解禁、契約書や請求書を含む公的申請のオンライン化、銀行通帳や印鑑の廃止など、全く違う習慣が日常化するでしょう。リモートワークやオンラインでの就職活動など、実際にこれまでの習慣が崩れる体験をされている読者も多いことでしょう。

こうした危機の中で、事態を好転させ、新しいモノやサービスを生み出す推進力となるのは、やはりテクノロジーであり「好奇心とイノベーション」です。

ダイソンが、わずか10日間でゼロから人工呼吸器「ＣｏＶｅｎｔ」を設計し、イギリス政府から1万台を受注しました。ランボルギーニは3月31日、新型コロナウイルスと戦う医療従事者向けに、マスクの生産を開始しました。フォードやＧＭ、トヨタ、テスラも人工呼吸器の生産に乗り出しています。いずれ世界中の国や大企業、医者や製薬メーカーが力を合わせ新型コロナウイルスに打ち勝つはずです。

我々の住むこの世界は過去にも何度も気候変動や疫病で変化し、それらに対応してきました。新型コロナウイルス出現以前と以降（アフター・コロナ）では、社会が激変し「いわゆる普通の生活」には戻らないかもしれません。

しかし、この本を手に取った皆さんなら、きっと新しい世界に適応し、たくましく生き抜けるはずです。

僕が多感な時期を過ごした60年代のアメリカも、違った意味（人種差別の解決）で激変の時期でした。アフリカ系アメリカ人差別廃止運動（公民権運動）で社会の分裂が鮮明になり、様々な価値観の胎動が顕著になっていました。社会運動（労働運動、学生運動）の激化、ヒッピーの台頭、アングラ文化。それまでのあらゆることが見直され、エネルギーに満ちあふれていました。

それに対して、今進行中の大変化は、情報テクノロジーの目覚ましい発展がすべての背景にあります。それに新型コロナウイルスとの戦いが加わりました。

ペーパーレスからキャッシュレスへと連なり、社会のボーダレス化へ。世の中のあらゆる場面はモニタリングされ、反面、個人情報がかつてないほど重視されています。中国の新型コロナウイルスの早い収束は、膨大な個人情報のログを取得できる監視カメラやデジタルマネーのトレーサビリティーがあったからという人もいます。

企業の中でも年功序列が崩壊しつつあり、成果はデータ化され、いわゆる能力主義に変わりつつあります。ワークシェアリングや、リモートワークなどの働き方改革は、期せずして新型コロナウイルスによって急速に広がりました。

変革によって「なくなるもの」もたくさんあります。キャッシュレス化による「現金」、AIテクノロジーの用途開発進展による「事務」、テレワーク導入による「オフィス」、自動運転技術による「ドライバー」……。その果てにあるのは、旧来の国家概念（統治、国土、国境、国民）の消失かもしれません。

そんな未来社会を迎えようとしている我々は、その変容の波にただ翻弄されるわけにはいきません。現在進行中のウイルス対策封鎖による無人の街を、いずれ以前とは違った、しかし活気に満ちあふれる未来社会実現につなげましょう。

そのためのアイデアは、私の対談の中に、現代の賢人とでも言うべき人たちの言葉として無数にちりばめられています。この対談は、世間の常識に疑問を突きつけ、新たなプロトタイプをつくってきたフロントランナーたちと、未来社会がもたらすものについて語ったものです。従来の慣習を覆す暮らし方や働き方、教育、産業のあり方など、変化に適応する新しい価値観に触れることができます。皆さんの「好奇心とイノベーション」の参考になれば幸いです。

坂井直樹

※本書の内容は「アドタイ」に2019年に掲載したコラム「そのイノベーションが、未来社会の当たり前になる。」を再編集したものです。

対談 5

対談 6

※対談者の所属・役職は対談当時のものです。

対談 1

松岡正剛
編集工学者

×

坂井直樹

コンセプター坂井直樹が、今起きている社会変化の中で、少し先の未来に「スタンダード」となり得そうな出来事や、従来の慣習を覆すような新しい価値観を探る対談。第1回目は編集工学者の松岡正剛さんと語り合います。松岡さんの蔵書2万冊が壁一面に広がる編集工学研究所内のブックサロンスペース「本楼」で対談を行いました。

松岡 正剛　編集工学者、編集工学研究所所長、イシス編集学校校長

1944年京都生まれ。早稲田大学出身。71年工作舎を設立し、オブジェマガジン「遊」を創刊。87年編集工学研究所を設立。情報文化と情報技術をつなぐ方法論を体系化し様々なプロジェクトに応用。2000年「千夜千冊」の連載を開始。同年、eラーニングの先駆けとなる「イシス編集学校」を創立。近年はBOOKWAREという考えのもと膨大な知識情報を相互編集する知の実験的空間を手掛ける。また日本文化研究の第一人者として「日本という方法」を提唱し独自の日本論を展開。著書に『知の編集術』『フラジャイル』『擬』ほか多数。2018年5月に、文庫シリーズ「千夜千冊エディション」(角川ソフィア文庫)の刊行を開始した。

会社からオフィスが消え、街から強盗が消える？

データが街を安全に、人を倫理的にする

坂井　これまで「会社」というと、オフィスがあって、社員が通勤するものと思われてきましたけれど、今や仕事もミーティングも、どこにいてもできるようになりました。僕の会社は、自前のオフィスを完全になくしました。今71歳（対談当時）ですが、まだもう少しやりたいことがあったので、極力スタッフを減らして、場所もなくして、コストゼロに近い形にしたんです。そのほうが好き勝手できますから。それで海外にばかり行っていま す。オフィス自体をなくす選択をする企業は出てきていて、社員が集まって働くスタイルが崩れれば、会社の未来のスタンダードは、従来とは違うものになるんじゃないかと思います。

思い返せば、僕が日産「Ｂｅ‐１」のコンセプトを出したとき、街中には四角い車しかなくて、奇妙な車と言われましたけれど、今や丸いデザインがスタンダードになりました。イノベーションというのは、そういう新しいスタンダードをつくることなんじゃないか、僕らがまだ見ていない未来のスタンダードの兆しが生まれているんじゃないか、そんなこ

とを考えています。

松岡　そうか、坂井さんも71歳だ。でも暴走しているね。僕は74歳（当時）だけれど古稀のときに再暴走を決断しました（笑）。ところで、オフィスで働くとか、通勤するとか、そういったこと自体すべてがネーションステート（国民国家）の官僚と工場がつくりあげた「デファクトスタンダード」の塊なんですよ。定められた規格はないけれど、結果として事実上標準化している「バカ常識」みたいなもの。ある部屋ができると、誰もが入口があるだろう、きっと窓があるだろうと思ってしまい、やがて全体にデファクトスタンダードというものができあがります。でも、デファクトスタンダードに埋もれていると、ニュースタンダードはなかなか生まれてきません。

例えば駅の改札を切符から自動改札に変えた電子マネーのように、新しい発見がいります。ＰＣの出現からスマホまで、あるいはミサイルからドローンまで、病気からゲノム情報まで、この数十年の変化を考えると、既存のスタンダードで埋まり過ぎた時代が長かったんだと思います。

坂井　今、上海へ頻繁に行っているのですが、決済は、ほぼすべて電子マネーで、日本の5年、10年先の未来を見ている感じがします。ＱＲコードにスマホをかざすだけで決済できて、現金を持ち歩かないから、ホームレスの人もＱＲコードを付けてお金を集めています。強盗も街から消えちゃうわけです、人を襲っても意味がないですから。そういう状況を目の当たりにすると、「現金通貨」自体がいらなくなってしまうのは確実だと思われます。

松岡　ビットコインがうまくいけば、通貨自体も変わっていくかもしれないね。

坂井　そもそも「現金通貨」が流通しなくなれば、ＡＴＭも造幣局も、いずれは銀行もＡＩなどを含むシステムやインフラに吸収される可能性が高くなります。僕から見ると中国はフィンテックもビッグデータも日本では追いつけないぐらい進んでいて。

例えば、本家のＵｂｅｒ Ｃｈｉｎａを買収した配車サービスの「ＤｉＤｉ」は、リアルタイムで運転手の運転状況をＩｏＴで把握して、ビッグデータからいい運転をしている運転手には給料を9段階で上げている。そうした仕組みができると、ゲーム的な評価システムが自然と機能して人々は不思議に倫理的になるんです。街も安全になる。これは「北風と太陽」みたいなもので、データによって人々を統制している国と、軍事で壁をつくっている国を比べたら、データ統制のほうがディフェンスが頭一つ上にあるように思います。電子マネーは、アフリカなど、銀行口座が普及していない場所にも広がっていくでしょうし、金融面は大きな社会変化やイノベーションが起きて、新たなファイナンスのスタンダードが生まれつつあります。

データでディフェンスという意味で言うと、電子政府のエストニアも面白い。IT立国に成功したエストニアは、すでに行政サービスの99%が電子化していて、結婚・離婚届けと不動産売却以外の、あらゆる行政手続きをオンラインで完結できるため、「世界最先端の電子国家」と言われています。行政サービスをオンラインで完結させて、人口132万人（2019年1月）だから東京23区の2つの区を合わせたぐらいの人口だけれど、エストニアは「estcoin」構想を打ち出し、国家として史上初のICO（新規仮想通貨公開）を行い自国の仮想通貨を発表する計画を立てています。

松岡　僕がやっているイシス編集学校で一番若い高校生が、自分がこれから学ぶべき環境を求めて、去年エストニアに行きました。両親がハイコンシャスだったんですね。社会の変化や新しい価値観に対して、「これはニュースタンダードになりそうだ」とみなせる、この両親や坂井さんのような意識のスピードが本来は必要なんですよね。でも案外それがみんなできない。実際に変化が起きているのに頭の中が変わっていない。これまで自分が馴染んでいた基準自体が変わってしまったんだ、と認める情動感覚が追いつかないんです。

坂井　日本は特に変わりたくない国ですからね。iPhoneをニュースタンダードだと認識するとすれば、発売から10年以上経っています。それぐらい経ったときに初めて、これがスタンダードになったんだなとボーッと気がつくものなのかもしれません。

ただ今の上海を見ていると日本は学ばざるを得ないなと。ガソリンスタンドができるより先に電気自動車が普及しているし、アリババがつくった生鮮食品スーパーのフーマーは、スマホからの注文を受けると店頭商品をスタッフがピックアップして届ける仕組みをつくっている。自宅にいながら店で買い物しているのと同じ経験ができて、オンラインとオフラインがマージしているんです。

松岡　ニュースタンダードがどこから生まれるかというと、最初は既存のスタンダードの隙間やウィークポイントを埋めるような、新しい発見から変化が始まるのでしょう。でもスタンダードになるには、おそらくそれだけではダメで、世界観を先に持ったほうがいい。気持ちいいとか、欲望とか、情動とか、そういったものに基づく世界観です。

その点、ＩｏＴとかＡＩとかロボットとかも、そこがまだ足りていない感じがしますね。だから、オフィスのない、通勤のいらない新しい「ハイコンシャスな会社」が成り立つ包括的な環境がつくり出されていても、その隙間を、働き方改革だとかコンプライアンスだとかで埋めてしまう。デファクトスタンダードからニュースタンダードモデルに、頭が切り替わらないんですよね。

坂井　ＩｏＴやビッグデータの利用によって新しいサービスが次々と押し寄せて成長しつつあるけれど、松岡さんのおっしゃるとおり、情動を伴う経験価値の完成度を高めないと、使いにくいもので終わって、スタンダードと認識されるまでには時間がかかるんでしょうね。

りそな銀行がチームラボとタッグを組んで、次世代の銀行利用体験を創出するべく、新たなアプリをつくりました。りそなホールディングスは、そんな使い勝手のいい新しい「銀行」をつくろうとしています。2018年2月19日から配信されている新しいスマホアプリは、顧客の資産状況などにあわせて様々な金融商品を提案し、興味を抱いた顧客は、店舗を訪れなくてもそのまま電話やチャットで資産運用について質問したり、アドバイスを受けたりできる。このあたりは中国平安保険のサービスを彷彿とさせるアイデアですよね。従来の銀行アプリは、いわば「ATMを手のひらの上に持ってきた」位置づけ。今後はATMはどんどんなくなるわけだから当然のビジョンでしょう。りそなのように銀行側から提案したり相談に応じたり、「銀行そのものを手のひらの上に持ってくる」スマホアプリは、まだ珍しい。

それからソフトバンクグループとトヨタ自動車が、モビリティサービスの合弁会社「モ

ネ テクノロジーズ」の創設を２０１８年10月に発表しました。自動車産業のメガトレンドとなっている自動運転や電動車両、コネクテッドカー、シェアリングサービスは業界の変革が狙いですね。将来的に完全自動運転車が実現してライドシェアが普及すれば、自動車産業もサブスクライブ型のビジネスモデルに変更される可能性が高く、移動する手段としてクルマを保有する必要がなくなります。

自動車ビジネスもＩｏＴで変化している産業の一つです。２社の提携は、自動運転技術の先にある自動車ビジネスが従来と違ったものへ変化していくという見通しがあるからで、新会社では、自動運転車両がオフィスやコンビニ、病院となって、オンデマンドで利用できるモビリティサービスの提供を目指そうとしています。その背景にある考え方は、移動のための自動車というハードウエアは、モビリティサービスにおける単なるパーツでしかないということ。ネット社会における.ｉＰｈｏｎｅ、端末と同じです。車両を販売しているだけでは儲からなくなっているわけで、ビジネスの「利益の上げ方」自体が、大きく変わってきています。トヨタは部品の共通化を進めてきましたが、自動運転化が進めば、部品の点数はますます少なくなります。

松岡　部品メーカーには世界中の発注先の叡智が高速に詰まっていきます。そこに家電からロケットまで、VR技術から脳神経回路解析技術までが集まる。電子も脳もゲノムも部品として見るとつながっていく。ここには社会の変化を紐解くヒントがありそうです。

脳だけでなく、身体感覚で思考せよ

坂井　突然妙なことを言いますが、カナダが2018年10月に嗜好品としての大麻の所持・使用を合法化しました。日本では1948年に施行された大麻取締法で大麻の所持は違法とされ、処罰の対象ですが、かつて大麻草は農作物として栽培されていたこともあります。同じ酩酊系でいうと、タバコは江戸時代に幕府が禁煙令を出していて、お酒も歴史をさかのぼれば禁酒令を出していた時期があります。いつの時代も禁じられているわけですが、考えてみると量の問題で、今後「調整のテクノロジー」が入ってきたら変化が起きるのではないかと思っています。医療用大麻の研究・加工はイスラエルが進んでいると聞きます。

松岡　そのあたりは、薬物投与による意識実験をしてきた心理学者のティモシー・リアリーとか脳科学者のジョン・C・リリーたちが、意識が高速に変化していく状態について70年代に著作も出していますが、そのアルタード・ステーツ状態をどうやって保つのかが社会との間で必要なインターフェイスだった、と言っていました。

いずれにしてもアディクション（中毒・依存）というものが我々を何かにしてるんだけども、結局どのくらいの量がいいのか、クリティカルマスをそこに置くかということはまだ上手くいってない。医療で使われている薬物もあるけれど、許可なく栽培すれば違法になってしまう。これは、「発酵」の働きと近いものがあります。

坂井　漬物とかチーズの発酵ですか。

松岡　そう。糠床はかきまぜないと腐敗していくけれど、微生物の環境を整えれば発酵というプロセスが生まれて、ちょうどいい状態で野菜を取り出せばおいしい漬物になります。放っておくと腐敗して死の方向へ向かうカビや酵母や細菌が、途中で生の方向へ行くことで、ものすごい輝かしいものになる、これが発酵技術です。

実はここまで話してきたスタンダードについても、微生物のネットワークによって発酵食品をつくるのと似たものを感じます。自動運転とかＩｏＴとかの新しい技術や発見、そしてアディクションとか欲望とかが融合して、ニュースタンダードを支えている。相互に関係のない異質なものが、階層的な上下関係ではなく、地下茎のように横断的な横の関係で結びつくことを「リゾーム」といいますが、リゾーム的なアーキテクチャー（構造）が、ニュースタンダードをつくっているのではないかと思います。

坂井　ちなみに発酵や腸は、健康においても潜在的で大きなテーマですよね。腸内細菌が働いて発酵が起きると大腸も元気になるし、小腸は内臓の中でもっとも重要な臓器じゃないかっていう説もあります。

松岡　腸だとか指先だとか、脳以外の身体の様々なモジュールを通じて思考することも大切なんですよね。ＡＩとかロボットを含め、ニュースタンダードになるものは、脳ではない「人間の身体感覚」をもっと持つべきだろうと思います。

坂井　養老孟司さんは「脳化社会」と言っていましたね。生き物は日々変化しているのに、止まっている情報だけで考えていると、見逃してしまうものはたくさんあります。IoTによって、自動車とか家電とか施設とかいろいろなものにセンサーがつくようになったので、人間の身体の動きに関連するデータは集めやすくなっているのかもしれません。

松岡　AR（拡張現実）とかVR（仮想現実）のような技術が進歩していくと、「ほんと」と「つもり」の区別がつかなくなってきます。我々は「こうした」ということと、「こうしたい」と思っていることの間を分断しているけれど、技術がだんだんその溝を埋めている。でもそうした技術ができる前から、人間文化は実は「ほんと」と「つもり」がまじった状態で世界を捉えてきたんです。たとえば「閑《しずか》さや岩にしみ入る蝉の声」という句から、実際その場にいなくても、イマジネーションであてがって、その光景を思い浮かべることができます。見えないものをあてがう方法として、ARとかVRとかを使っているわけです。

坂井　ＡＲやＶＲのような人間の感性に近いところで使われるテクノロジーは、ＵＩ（ユーザーインターフェース）も大事になってきます。ＶＲはゴーグルをかけたりして、ハードウエアがまだごついので、さっとメガネをかけるぐらいの使い勝手になれば、もっと馴染みやすくなるでしょう。機能性や合理性を追求して作られたテクノロジーも、やがて「美しさ」が問われるようになります。

松岡　先日、ヨーロッパのあるラグジュアリーブランドから、こんな相談を受けました。物と情報はＩoＴによってくっついたけれど、そこにブランドの資産である美を付加価値としてつけるにはどうしたらいいか、と。老舗ブランドがそんなことを考えること自体が面白いなと思いました。かつてヨーロッパから様々な物を輸入したとき、エスクワイアだとか、エスティームだとかの美意識も一緒に取り入れてきました。しかし今世界中から進んだ技術を取り入れようとするとき、美意識や文明まで輸出されてくるか、といったら疑問です。

坂井　ファッションブランドが不変の美しさをうたっているのに対して、テクノロジーは進歩するから相性はよくないんですよね。でもテクノロジーも一定のところまでいったら、ファッションやデザイン、アートといった美意識が問われる分野にもっと使われるようになるでしょう。

ファッションでも、店舗ではデジタルが多用されています。アパレル業は廃棄率が高く、衣服の焼却処分が問題になっていて、工場での生産量を適正にするには、どれだけ需要があるかを測って調整しないといけません。消費者の購入ログデータの回収や分析の部分は、やはり中国は進んでいて、早晩解決するかもしれません。

松岡　需要があるもの、「いいね」されるデータを集めるのとは逆に、後悔やミス、「しまった」と思うことのデータベースを、情報学研究者のドミニク・チェンさんは「リグレト」というサービスでつくっていたのを思い出しました。その発想も面白い。

坂井　それで言うと、P&Gは、顧客にとって何が満たされていないかを探って、どうしたら解決できるか、ニーズが満たされるかをマーケティングで実施してきた企業です。

それから「身の回りのものを処分したいけど、簡単に出品できない」という不満にこたえたのがメルカリ。オークション型が主流だった中古品のマーケットにイノベーションを起こして世界に出ていっている。家にあるものがお金に代わる「ＣｔｏＣ」で、通貨の流れを変えました。

松岡　坂井さんが浮き上がらせようとしていることは、未来のスタンダードというより、新しいアーキタイプ（原型）に近いのかもしれない。ホワイトヘッド（哲学者）が、社会は有機的構成体で、網目がいくつもこんがらがってできていると言っていて、それを「ネクサス」（結び目）と名付けています。

坂井　結び目で活躍している人たちと、本書で対談していきます。

（２０１８年11月収録）

誰もやったことがないから、価値がある

松岡さんとの対談では、スマホであらゆる支払いができる上海でのキャッシュレス生活について触れ、日本の未来を見ている感覚に陥った話をしました。中国に行くと、お金のあり方だけでなく、デジタルによって人々の行動から産業の枠組みまで、これまでの「当たり前」がどんどんと塗り替わっているのを肌で感じます。

日本は、中国に比べキャッシュレス比率が極めて低いですが、「○○Ｐａｙ」とつくスマホ決済サービスが出てきたりして、脱現金化は進んできています。デジタルマネーでの決済に慣れてくると、小銭で払うのが面倒になってきて、「支払いは現金のみです」と言われるとガックリ来てしまうほど。家計簿のように購入履歴が残るのも便利です。この履歴というのが重要で、購入者のあらゆる行動データが、デジタルマネーやスマホの普及によって記録として残るようになりました。膨大なデジタル・データは、新たな価値を生み出します。

中国で視察した配車アプリ大手「ＤｉＤｉ」は、約５０００人のエンジニアがデータを解析し、車に乗りたいユーザーとドライバーを高速でマッチングするＡＩ技術を開発

しています。配車オーダー後の待ち時間など、ユーザー満足度にかかわるデータをもとにドライバーを評価することで、サービス品質を改善しているのが特徴です。創業当初「中国版Ｕｂｅｒ」と呼ばれていましたが、Ｕｂｅｒ Ｃｈｉｎａを買収し、急成長を遂げています。

デジタル・テクノロジーによって僕たちの移動手段も大きく変わろうとしています。開発競争が進む自動運転の技術は、確実に社会のパラダイムシフトを起こすでしょう。ライドシェアをするようになり、移動しながらレストランのように食事をしたり、オフィスのように仕事をしたりするようになれば、従来の自動車メーカーの戦い方は当然変わります。トヨタ自動車が移動サービスの提供会社へ生まれ変わろうとするのも、不可逆な流れです。かつて「未来映画」で描かれていた、空飛ぶ車の実用化も目前に迫っています。

デジタルは、産業だけでなく行政にも変化を及ぼしています。オンラインで行政サービスを受けられるエストニアには僕が会長を務める会社Ｓｐｅｅｄｙの支社もありますが、外国人でもエストニアの電子居住者になれますし、銀行口座の開設や会社の設立も可能になります。こうした電子政府の動きは、国家の概念を拡張していると言っていいでしょう。

社会構造を揺るがすような変革が続く中で、どうしたら価値あるものを創造できるでしょうか。僕がコンセプターとしてイノベーションをデザインするときに大切にしてきたのは、一次情報を持つことです。変化が起きているところに出向いて、自分の目で直接見て、人に会って、情報を仕入れると、いろんなインサイトが見えてくるのです。これまでを振り返ってみても、丸いデザインの自動車（日産Be-1）を開発したときは、四角い車ばかりだった時代に自分の周囲のデザイナーが丸いデザインの中古の輸入車を好んでいることに気づいて、丸い車のブームを起こしました（1万台限定で発売し1週間で完売）。黒いプラスティック製のカメラばかりだった時代には、アルミを使ったデザインのカメラ（オリンパスO・product）をつくって、MoMAのパーマネントコレクションに選定されました。誰もやったことがないことに目をつけるからこそ、価値は高まります。だから僕は、二次情報も四六時中見ていますが、気になることがあったらすぐに出かけますし、いろんな国の経営者に会って変化を体感するようにしています。

「上海なら3時間で行けるし、行ってみたら」といろんな人に言うのですが、実際に現地に行く人は少なかったりします。いきなり経営者に会いに行くのは難しいかもしれないけれど、まず世界を歩いてみることから始めたらいいと思います。どんなことでもいいんです。例えばキックボード。日本だと若者の乗り物ですが、フランス・パリに行くと、おばあさんが電動のシェアキックボードに乗って街を走っているのを目にします。日常の足として重宝されているわけです。そうした事実から気づかされることもあります。一次情報に触れることが、既成概念を打破し、誰もやったことがない新しい価値を生み出す近道になります。

対談2

猪子寿之

チームラボ代表

×

坂井直樹

第2回目の対談相手は、アートの制作やデジタルソリューション事業などを行う「チームラボ」の猪子寿之代表。アート作品が飾られている、チームラボのオフィスで語り合いました。僕から繰り出される問いに、ときに猪子さんが「ちょっと散歩して考えてきていいですか？」と、身体全体を使って向き合ってくれながら、対談は進んでいきました。

猪子寿之　チームラボ代表

1977年生まれ。2001年東京大学工学部計数工学科卒業時にチームラボ設立。チームラボは、アートコレクティブであり、集団的創造によって、アート、サイエンス、テクノロジー、そして自然界の交差点を模索している国際的な学際的集団。アーティスト、プログラマ、エンジニア、CGアニメーター、数学者、建築家など、様々な分野のスペシャリストから構成されている。

脳を拡張するものに、人間の興味はシフトする

自分がつくったものを、自分で体験したい

坂井　チームラボは、デジタルアートミュージアムをつくったり、りそな銀行のアプリをつくったり、アートもビジネスの能力もあるから、万能に見えるよね。

猪子　設立時からアートはつくっていたんですが、出口もわからなければ、お金にもならないので、チームラボという場を維持するためにも稼がなきゃいけなかったんです。その時代が長くて、そのおかげでテクノロジーとクリエイションによるソリューションの基盤もできました。僕はもうアートしかやっていないんだけど、ほかの共同設立メンバーがソリューションに特化した仕事をしています。

坂井　総合力って、やっぱり組織の維持にとってもアートの表現にとっても大事なんだろうね。

猪子　お台場の「チームラボボーダレス」は、基盤の技術をたくさん使っていて、3〜4

年かけてつくっています。それも総合力のおかげです。作品と関係ない部分でも、オンラインのチケット販売や入場ゲート、券売機もチームラボでつくっているんです。現場の券売機から、グローバルなオンラインチケット販売まで、リアルタイムに全部統合的にコントロールしたほうがいいので、自社でつくっています。そういう部分も非常に大きいです。

坂井　お台場の入場者数は5カ月で100万人を超えたと聞きました。猪子さんの仕事ぶりを見ていると、ガラッと世の中が変わる感じがします。

猪子　自分たちで設備をつくったことは、一般的な美術館との違いがよく表れていると思います。これまでだと作品を美術館で展示して、作品に権威がつく。それを、ギャラリーを通して売るのがアートのエコシステムでした。で、その数を限定することで、セカンダリー・マーケットも成り立っています。つまり比較的狭いワールドです。ところが僕は、アートはつくりたいけれど、根本的に売るとか、狭い世界の権威とかに興味がない。なんでアートをつくりたいかというと「自分がつくったもので自分が体験したいから」なんです。それなら体験を普通に売ったほうが素直だなと思って。

坂井　それで常設のミュージアムをつくった、というわけですか。「チームラボボーダレス」のアート作品は、巨大な空間の中にあって、見に来る人に反応してどんどん変わっていくし、同じ瞬間が一度もない。所有できないものね。朝10時ぐらいに行ったら、もうすでに子どももお母さんも楽しそうにしていて。カップルもお年寄りもいて。普通の美術館で子どもたちが楽しくないのは、アートに参加できないからですね。

ところで、さっき入場ゲートの話が出てきたけれど、僕は今、中国に本社がある、キャッシュレス決済サービスのラカラジャパンの仕事を手伝っていて、少し似たところがある話だな、と思って聞いていました。中国にいる1億人のオウンドメディアのユーザーに「旅前情報」として日本の店舗の情報を配信し集客して、訪日客がよく使う決済方法を店舗で導入できるようにしている。中国の人と触れ合っている

2018年6月にオープンした「チームラボボーダレス」。森ビルとの共同運営。

と、こうした面白い話が来るんだよね。だからこれまでやってきたデザインの仕事に、最近はまったく関心がなくなって、デジタルマーケティングの仕事がメインになっています。

猪子　え、そうなんですか！

坂井　デジタルって、いろんなところに変化を起こせるから面白い。今企業で気になるのは中国平安保険グループですね。「IT×金融×生活サービスの融合」を戦略に掲げていて、総合金融機関でありながら、4億人の金融ビッグデータを持ち、ユーザーの生活に寄り添うサービスを標榜しています。中国の企業では、時価総額が11位(※)の超巨大企業で、従業員は170万人以上。一見保険業なんだけれど、金融商品も不動産も売っている。これはデジタル企業の特徴かもしれないですね。ただ平安保険は、ITを効率化のために入れていても、顧客への電話もバンバンしていて、すごく丁寧に顧客にコンタクトするのが興味深いですね。いったい中国とシリコンバレーは、何が違うんだろう。人も、工場も圧倒的にそろっていることなのかな。

猪子　工場がある、というのは重要ですね。ＬＥＤやムービングライトも中国が圧倒的に強い。うちも独自につくっていますが、工場は全部深圳です。ノウハウのレベルが違う。それから大げさなことを言うと、中国は20世紀の概念にとらわれていません。海外の考えを輸入しようとする日本と違って、中国の若い起業家は独自にイノベーションしているように見えますね。

坂井　確かに日中の違いはそこにあるかもしれませんね。中国に実際に行って、自分の目でいろいろ見てくると、えらい影響を受けるんです。学ぶことが多すぎる。

猪子　２０１７年にチームラボの展覧会を、北京と深圳で開いたら、チケット料は日本の2倍だったんですが、あわせて70万人の来場がありました。２０１９年は、上海にできた新しい美術館（ＴＡＮＫ Ｓｈａｎｇｈａｉ）で、こけら落しの展示があり、中国でも、常設の巨大なミュージアムをやっていけたらいいなと考えています。

坂井 アートやデザインでよく出る言葉で、「間」が素晴らしい、とか言いますよね。でも猪子さんは、それを「欠落」って言っている。あの視点はちょっと面白い。「間」は褒めているけど、「欠落」は褒めてないよね。

猪子 「間」っていうのは意図があるってことですね。でも僕は、そもそも意図がないと思っていて。前提として、人間の肉眼は見えている範囲がすごく狭くて浅い。例えば両手の人指し指を顔の前に出して、右手の指を見たら、左手の指はもう見えなくなっている。でも、普通はもっと見えているように思っていますよね、それは目玉が動くから。

坂井 あと見た画像の記憶だよね。

猪子 そう。過去までさかのぼって画像を合成して、空間を再構成しているんだと思うんです。現代人は、カメラのレンズと同じような論理構造でもう一回空間を再構成しているので、都市で撮った風景写真を見ても、自分で見たものとそんなに変わらないと思うはずです。でも、山や森でイマーシブな（＝没入感のある）体験をした後、写真を見ると、自分で見てきた体験と写真が違う、と感じた経験が、誰しもあると思うんです。森とか山みたいなものは、都市と違って、すごく広範囲に見ているんですね。

坂井　都市は目的を持って移動しています。一方で森の中の移動は体験をしに行って無目的なので、広範囲に見ているのではないでしょうか。

猪子　はい。ちょっと話が変わるんですけど、近代以前の東アジアの絵画、大和絵や源氏絵巻みたいなものは、本当にああいう風に見えていたと思うんです。屋根がないから鳥瞰図とも違う。体を使って歩き回りながら世界を認識していて、長い時間までさかのぼって一瞬を見ていると思うんですよ。現代人はフォーカスを変えたり目玉を動かしたりするぐらいの合成はしていますけど、近代以前の東アジアの人たちって、森を歩き回るときもそうですけど、過去までさかのぼって合成しているんですね。ただし、人間の脳なんて、そんなにキャパシティは変わらないはずなので、過去までさかのぼっているということは、つまり瞬間の情報量はすごく少ないはずなんです。なので、重要ではないもの以外は捨てている。むしろ捨てざるをえない。過去までさかのぼって合成しているとしたら、瞬間的に見ている情報は少ない。そもそも重要ではないものは見てないから消える。だから、間をデザインしたように言っているけど、それはすごく現代的な解釈で、意識的に省略したというよりは、見えてない。そもそも欠損されている。

坂井 それが雲だったり白紙だったりになるということですね。

猪子 明らかに時間軸の使い方が違っていただろうと思う、わかりやすい例で言うと、1877年に「パリの通り、雨」という作品があります。

坂井 ギュスターヴ・カイユボットが描いた、雨に濡れた歩道が表現されているにもかかわらず、背景がぼやけていて、敢えて雨そのものは描かれていない絵ですよね？

猪子 そうです。ぼやけているのは雨を瞬間的に捉えているからです。でも18世紀とか19

世紀の浮世絵師たちは、雨を線で描いた。線に見えているということは、長い時間軸で合成しています。時間が長くなると、瞬間には重要なものしか記録できなくなります。全体の容量が一緒だとしたらね。

坂井 なるほど。さっき森の中にいるときは、歩き回った体験から風景を見ている、という話があったけど、これを言い換えると、自分自身で見てつかんだ一次情報を足しているってことなんだよね。つまり独自の経験が合成されている。

自分を超越したものを、求めだす

坂井 猪子さんは、これから企業はどうなっていく、と考えていますか。

猪子 企業のことを考える前提として、社会はいわゆる国民国家からグローバルなものになっていくでしょう。もちろん地域によっては、より強固な国家主義をとる場所も短期的には出てくると思うんですけれども、大きな社会の流れの中では、大昔、封建社会から産業革命が起こって国民国家に変わったように、インターネットの情報社会が到来して、国民国家からグローバルという新しい社会にシフトして、情報革命によってグローバルになっていくと思うんですね。そうなってくると企業は、ある分野に対してグローバルなものしか残らない。

坂井　業種的なジャンルはある程度残っていく、それとも残らない？

猪子　ジャンルはぐちゃぐちゃになるでしょうね。むしろマーケットサイズに差が出ると思います。ニッチなマーケットなら、小回りのきく小さな企業でもグローバルのトップになる、といったことが出てくると思いますが、やはりグローバルな企業しか残らない。

一方で、個人間のやりとりっていうのが急激に増えていくと思うんですよね。例えば僕が仮にニューヨークに行ったとして、誰か泊まらせてほしいとソーシャルに書くと、人間関係のある人が、「その日だったらうちにおいでよ」と泊まらせてくれる。でもネット以前は人間関係も狭かったのでホテルに泊まっていた。

坂井　友人関係なら、お金が動いたとしても、表に出にくいですね。

猪子　はい。手渡しでいくらか渡しているかもしれないけれど、それは、表に出ないお金。つまり企業ではない。ゆるやかな人間関係をもとに生まれたやりとりです。

坂井　昔からあるヒッチハイクなんかもそうですもんね。

猪子　昔からあるんですけど、今すごい勢いで個人間がつながって、お金のやりとりが発生しているので、企業のある範囲の事業は、そこに奪われていきます。この個人間のやりとりというのは、メルカリやＡｉｒｂｎｂのようなＣ２Ｃサービスも含まれるけど、友達の誕生日会の料理をつくってもらう、のような表に見えないものすべてです。そうしたやりとりが、今まで企業が提供していたサービスみたいなものを奪っていて、一方でハイクオリティの領域は、グローバルのトップ企業しか残らなくなっていって、ローカル、ドメスティックな企業っていうのはたぶん消えるんだと思います。

坂井　例えば自動車業界はどうなると思う？　自動運転とかＥＶとかいろんな波が来ているけれど。

猪子　歴史から素直に学ぶならば、Ｕｂｅｒみたいな会社が車をつくる時代にだんだんシフトしていくのかもしれないですね。サービス側が乗り物まで用意するようになって、メーカーにＯＥＭでつくらせるとか。メーカーとサービス事業者の重要としているところが違いすぎて、いつの間にかサービス側が重要だと思って集中していたところが強くなって、今までメーカーが重要だと思っていたことがコモディティ化するみたいな日がくるかもしれないですね。

坂井　僕もその考えに近いですね。

猪子　グローバルな社会になっていったとき、どんなグローバルコンテンツが伸びていくのかと考えると、アートとサッカーとダンスミュージックなんじゃないかなと思っていて。

坂井　どれも言語がないですよね。

猪子　そう、言語がなくてグローバルなものです。大きな話をすると、産業革命は、燃やすとエネルギーが生まれる、みたいな物理現象から法則を見つけて、テクノロジーにして蒸気機関車や車を動かしたりしてきました。で、情報社会になると、そういう物理世界の話じゃなくて人間の脳の話になってきたと思うんですね。ツイッターにしろ、フェイスブックにしろ、グーグルやｉＰｈｏｎｅにしろ、脳を拡張しています。以前は物理的な世界が動く、みたいなことが産業の神様で、そして車を買うとか船を買うとかがお金持ちのステータスにもなった。でも今は脳を拡張し始めた時代なので、脳を拡張するものに人々は圧倒的に興味がある。その一つがアートだと思います。もっと言うと、人間は脳によって何か意味を見出したいという特性を持っています。昔はそれよりも「ごはんが食べられない」とか「遠くに行きたい」とか、必要に迫られることが多かったので、あまりフォーカスがあたらなかったけど、これからの時代は意味を見出すことにフォーカスがあたって、自分の存在を超越したような絶景だったり、自分の存在よりも長い歴史によって形づくられた文化遺産であったり、アーティストが人生をかけたアート作品であったり、そういう何か自分を超越した自然だったり時間だったり、アーティストが意味を見出したものだったりを、人々はより求め出すんだと思うんです。

坂井　それはメディアにはのりにくいものですね。あるいは他者には表現が伝わりにくいものかもしれない。

猪子　伝わりにくいんだけれども、個人間のコミュニケーションが爆発しているので体験した人が薦めるんだと思うんですよ。実際、「チームラボボーダレス」の来場者は、首都圏在住の方が3割で、地方が3割、欧米を中心とした海外の方が4割です。そして半分の方がチームラボボーダレスを目的として東京に来ています。どうやってチームラボボーダレスを知ったのかアンケートをとると、一番多いのが対面で薦められた、なんです。ウェブ広告で知るよりも、対面で薦められて知った人のほうが多い。人に薦められて人は動くのです。

坂井　「面白かったから行ってきたらどう?」みたいに薦めるわけですね。そういえば、僕も言ってた。

猪子　何らかの意味を体験しにアートに触れて、意味を感じた人が、うまく言葉にはできないけど、強く強く「行ったほうがいいよ」と言うことによって、新しい来場者が来るという。

坂井　対面のほうが信用できますもんね。この対談も対面で熱が伝わってきました。

（２０１８年12月収録）

※ iiMedia Research 社が２０１７年に公表した中国上場企業時価総額ランキング

「アート」に変革を起こしたチームラボ

チームラボは、ミュージアムのオーナーでありアーティストです。ここまで巨大なミュージアムを持っているアーティストなんて、ほかに聞いたことがありません。お台場のチームラボボーダレスは、単独のアーティストのミュージアムとしては、ゴッホ美術館を超え世界最大規模の年間来館者数。開館から1年でおよそ230万人が来館しています。

通常、ミュージアムには、展覧会を企画するキュレーターがいて、展示する作品を選びます。ミュージアムで認められたアーティストは、ギャラリーで作品も購入されやすくなっていく、というのが一般的です。でも、チームラボのミュージアムは、アーティストである猪子さんが、チームラボのどの作品を展示するかまで決められます。作品を購入してもらうのではなく、作品を体験してもらって、成り立っているんですね。よく考えると、これはアートにおける、地殻変動のような大きなイノベーションです。

大人も子どもも楽しいミュージアムというのも珍しい。これまでミュージアムといえば、ある程度、教養を持っている大人がしみじみと行く場所でした。でもチームラボのアートは、子どもも作品の中に入っていって体験できる、インタラクションがあります。チームラボの作品を一度見てしまうと、単なるプロジェクションマッピングが、なんだか物足りなく感じてしまいます。

僕が、チームラボの猪子さんと初めて会ったのは、18年前。山田進太郎さん（メルカリ代表取締役ＣＥＯ）から「すごくいいシステムエンジニアがいる」と紹介されたんです。今でこそ猪子さんは有名で、フィンランドに行っても「お前、ミスター猪子を知っているか？」と聞かれるくらいですが、ミュージアムができる前は、チームラボというとデジタルのソリューションを提供する会社、という印象を持っていた人も多いはずです。

猪子さんは工学部出身。文系・理系と論じること自体がチープなんですけれど、この20年を振り返ると、数学や物理に強い人たちが素晴らしいアートをつくり出しています。

チームラボが世界で躍進する姿を見ていると、デジタルは、グローバルになるための最低条件になったように思います。作品がデジタルだからこそ、国を超えて多くの人に作品を見てもらえる可能性が生まれます。額に入った絵だったら、そうはいきません。エンターテインメントの世界も、テーマパークの中に張りぼてをつくって、それを見に来てもらうスタイルだと、グローバルに広げていくのは厳しくなるでしょう。

対談の中で、猪子さんは「個人間のやりとり（Ｃ ｔｏ Ｃ）が急激に増えていく」という話をしています。これは僕も実感しているところです。コアな人間関係は狭くても、知り合いの知り合い……とたどっていくと、世界中の人と知り合えますが、ちょっと前の感覚だと六次の隔たりつまり6人、今はSNSによってスピードがあがって四・五次の隔たり、つまり4・5人ぐらいで会いたい人にたどりつけているように思います。個人間のやりとりが増えていき、人間関係がどんどん広がると、自社が開発、製造した商品を直接消費者へ届けるビジネスモデル、DtoC（Direct-to-Consumer）が可能になります。つまり人づてにモノが売れていきます。中国では、KOL（Key Opinion Leader）の発言で、商品の売れ行きが左右されるほど、大きな影響力を持っていますが、これも個人間のやりとりが活発になった象徴です。

僕は、中国のKOLであり、電子タバコの「YOOZ」を買収した蔡躍棟さんに頼まれてデザインの仕事をしたのですが、彼は漫画家としてのキャリアがあって、すでに一千万のファンがいるので、「新しいビジネスを始めます！」と発表すると、アマゾンのような従来の流通チャネルがなくても商品が売れていきます。なんと1カ月で3億円の利益をたたき出しました。

対談 3

陳暁夏代

DIGDOG代表

×

坂井直樹

第3回目は、日本と中国、双方のカルチャーに寄り添ったブランディングや若年層マーケティングを手がける陳暁夏代さん。「祖父と孫ぐらいの年齢差」がある二人が、中国の飛び級制度、高齢出産、日本のビジネスマナーやメディアなど多岐にわたり語り合いました。

陳暁夏代
DIGDOG 代表

内モンゴル自治区出身、上海育ち。幼少期から日本と中国を行き来する。上海・復旦大学在学中からイベント司会・通訳を行い、その後上海にて日本向け就職活動イベントの立ち上げや日系企業の中国進出支援に携わる。2011年より北京・上海・シンガポールにてエンターテインメントイベントを企画運営。2013年東京の広告会社に勤務。2017年、DIGDOG llc.を立ち上げ、日本と中国双方における企業の課題解決を行い、エンターテインメント分野や若年層マーケティングを多く手がける。

中国のサービスを世界が真似る日が来るとは思わなかった

働き方を変えていかないと、優秀な若い子を採用できない

坂井 年齢差で言うと、僕らは祖父と孫ぐらい離れているよね。僕は第一次ベビーブーム世代。中学生のときクラスが15あって、1クラス50名いました。

陳暁 1学年で750人、多いですね。

坂井 10代の多感な時期に、差別の撤廃を訴える公民権運動とか、ウーマン・リブとかが起こって、マイノリティが解放されるのを目の当たりにしてきた世代です。僕の場合は、19歳から23歳までアメリカで会社をつくってビジネスをしていたし、会社に勤めたこともないから、同世代の日本人とはちょっと思考の仕方が違うかもしれない。

陳暁 私も19歳から23歳の頃が、自分の中でもっとも思考が飛躍した時期だと思います。私は生まれは中国で、親も中国人です。幼稚園、小学校と大阪にいて、親の都合なのでそこに自分の意思はありませんけれど。中学、高校、大学は中国で過ごしました。大学に入っ

てからはずっと働いていましたね。最初は政治家や芸能人の通訳や司会をしていました。

坂井　通訳って、両方の文化をわかっていないと、できないですよ、共感力がないとね。

陳暁　正確さはもちろんですが、それ以上に〝ケア力〟が問われますね。相手が気持ちよく会話できるように、ニュアンスを含めて橋渡しする姿勢が、ＶＩＰの通訳では大事かもしれないです。それが19歳、20歳の頃で、その後はどうせ働くならスキルを身に付けたいと思って、いろんな事業の立ち上げに参加していました。

坂井　僕は、中国に何度も足を運んでいるし、中国人の親友も多いのだけど、いまだ中国人のマインドについてわかってないところがたくさんあります。

陳暁　マインドを理解するために、中国の最新トレンドを追いかける必要はないと思うんです、時代とともに淘汰されるものなので。むしろ、中国を外から見るか、中から見るかの問題ではないかと思います。私は、日中両方のことがわかる立場で生きていて、中国に行くときは中国人として発言するし、日本にいるときは日本人として思考します。日本にない中国独特の思考というと、〝自己人〟（ファミリー）というのがありますね。例えば華僑なら、友達や家族じゃなくても、海外においてはファミリーだと思ったり、一度ファミリーだと思ったらいろんなルールを無視して優しくしたりと、そういった接し方があります。

坂井 夏代さんも海外に住む中国人だから、華僑だね。

陳暁 そうですね。海外で中華系の人に会うと打ち解けやすいですし、「お互い華僑だから一緒に商売しよう」という風にすぐなります。英語でいうと「バディ」に近い。例えば何か損をしても「〝自己人〟だからいいよ」と、圧倒的に保護の対象になる。そういう気持ちは中国人文化の中に根付いているかもしれないですね。

坂井 〝自己人〟なら、たとえ中国と政治的、軍事的に対立している国に住む人であっても、許しあえる？

陳暁　そうですね。私も含めですが、それはそれ、これはこれ、とセンシティブな問題に関しては思考をちゃんと整理できている人が多いように思います。

坂井　夏代さんみたいな視野の広い人たちこそが、今ある慣習について、例えば決まった時間にオフィスで仕事をする働き方だとかを変えていくんだと思うんだよね。

陳暁　畑を耕すという仕事ならもちろん時間も場所も限られるし、時間をかけないと成果が出ないけれど、仕事が多種多様になるにつれ勤務時間も一概に括れなくなりました。インターネット社会になってからは、それが加速して、固定概念や定義が崩壊してきているのをすごく感じます。今の働き方が「イケてない」と感じるのも社会の進化との不一致だと思うんですよ。実際、働き方を変えていかないと、優秀な子を採用できないです。

坂井　僕は企業に勤めた経験がないから、朝何時に出社するというのができなかったし、「なんでそれをみんな不思議に思わないんだろう?」って考えてしまう。で、そんなところから世の中のスタンダードが変わっていくのかなと思って、この対談シリーズをしています。

陳暁　不思議に思わない、考えないから、議論も起きない、というのは別に日本に限った話ではなく、世界中同じでしょうね。世の中がより良くなっていくために新しいアイデアを出すことに何かしら使命感とか義務感を感じている人が、時代とか概念を超えたところで生きていくのかなと思います。私が不思議に思っているのは、日本の学校に飛び級がないことです。

坂井　中国はあるよね？　僕が今一緒にビジネスをしている中国人の社長も15歳で大学に入ってた。

陳暁　最近私が会っている若手企業家はだいたい19とか20歳なんです。才能のある人は、その頃にはもう何かをしていて、大学に行く必要がないんですね。中等、高等教育の選択肢の中に自分のレベルに合う環境が見つからなければ、彼らは学問の道に進む必要はなく、海外に行く可能性が大きくなる。そうなると天才児はどんどん日本から出て行く。社会人どころか学生の段階から優秀な人材が流出しちゃうわけです。

今後の国を良くしようとするなら、教育システムを見直すべきだと思うんですよ。デジタルネイティブ世代の教育方針はたぶん、従来とは別にある。実際私も彼らと仕事をする機会も多いんですが、思考回路も違えばいろいろ10倍速でできちゃうんですよね。

坂井　先日、15歳のエンジニアにツイッターで仕事を頼んだら「2Kください」って言われて、何のことかわからなくて。2000円のことだそうです。

陳暁　安いですね（笑）。坂井さんは年齢に関係なく、優秀な子と接していますよね。やっぱり年齢より実力で人付き合いをしている人の周りには、自ずと実力者が年齢問わず集まってくるんだと思います。私が坂井さんをリスペクトする点は、そういった未来の若手と常にコンタクトを取っていることですね。私もそうなりたいですし、下の世代とたくさん会って、話を聞いて、彼らの才能がもっと早く開花できる踏み台をつくりたい。どんどん一緒に仕事していかなきゃいけないと思っていて、うちの会社も採用は10代、20代がメインです。精神年齢が若い人は別ですけど。

坂井 今具体的にどんなビジネスをしていますか？

陳暁 日本で二つのビジネスをしていて（対談当時）、1社が対日系企業の中国進出向けのコンサル会社、これは個人事務所でやっています。もう1社はチョコレイトというコンテンツスタジオで執行役員／プロデューサーをしています。動画を軸にしたオリジナルコンテンツを開発して、そのメディアミックスやプラットフォームの多面展開を見ています。

私自身小さい頃から音楽や映画に救われてきました。いいコンテンツは国を越えます。そういうものが積もり積もってカルチャーができるし、ずっと残る。それに何か伝えたいことがあるときは、私が一人で喉が枯れるほど声を出すより、コンテンツに落とし込んだ方がずっと広く遠く世の中にインフルエンスしますからね。

坂井 コンテンツのような、形を持たないソフトウエアのほうがハードウエアよりグローバルになりやすいし設備投資も少なくてすみますね。

陳暁　いつももどかしいのは、日本にいると「テレビが若者に見られない」のように、端末が主語になっているんですが、中国では「このコンテンツが面白いかどうか」で話します。「テレビ離れと言っても、それは番組が今の生活と内容も放映方法もマッチしてないからでしょ」と思うんです。逆に中国はここ数年技術の進化が激しいので、端末がころころ変わっているんですよね。だから自ずとコンテンツの評価になりやすい。私も主語はずっとコンテンツで語るようにしています。

坂井　実際中国ではどんなコンテンツがウケているの？

陳暁　80年代後半のバブル期の日本に近くて、今の中国はトレンド消費です。赤が流行ったら赤色になる。黄色が流行ったら黄色くなる。それをみんなが追いかけます。その先に行くのは感覚的にはあと5年ぐらいかかるかなと。

坂井　でもこの5年で中国はものすごく進化していますよね。残念ながらそれまで中国から新しいことを学ぼうと考えたことがなかったんだけれど、上海に行ってみたらデジタルマネーの普及にまず驚いたし、未来を見ているような気がした。

陳暁　まさか世界が中国のいろんなサービスを真似る日が来るとは思わないですよね。実は中国人も思ってないですよ。中国の変化に一番ついていけていないのは中国に住んでる中国人なんです。私は、変化する中国を客観的に見て面白いと思ってますが、住んでいて不安を感じるという若い人たちの声も聞きます。便利になる反面、急激な変化の中にいる人は戸惑ってるわけです。

それでも中国の若者は、国のことを〝考えながら〟動いている人が日本より断然多いように感じます。実際に20代の同世代でも、政治や経済の話が飲み会でナチュラルに出る。日本じゃないですよね。だから、中国と日本で言ったら、日本のこれからのほうが心配なんですよ。

陳暁　２０１３年に日本に拠点を置いたんですが、一度日本でサラリーマンを経験してみようと思って、４年ほど広告会社に勤めていたんです。そこで、名刺を受け取るときのお辞儀の角度だとか、タクシーに乗る順番だとか、会社で教えられるビジネスマナーを知るのですが、ビジネスマナーというのは国によって大きく違うなと思いました。

ビジネスがグローバルになっていく今、お辞儀の角度のような「型」だけ教えていては通用しなくなります。だからもっと本質的なところを教育するべきなんだろうなと思いました。型だけを教わっても、その背景や理由がわからないと日本を出た瞬間崩れます。なので私のセミナーや講演は、世界にはいろんな型があることを知ってもらう目的でもやっています。

坂井　人から教えられた型だけをコピーするのではなく、その型がなぜ生まれたのか？を自分の頭で考えてくださいということですね。

陳暁　そうですね。日本はディベート文化も少ないし、教えられたことを守るということにはすごく強いんですけど、自分で考えて動くという教育をしていない。その結果、学校でも会社でも市場がグローバルになったとたんに戦えない若者が出てくると思います。会社の上司が、坂井さんのように海外でいろいろな景色を見てきた方ばかりならいいですが、そうではないですし。自分の頭で考えて、何が正しいのか見極められる人が増えるといいなと思います。

坂井　あと大きな単位で見ることも必要ですよね。文明研究家の村山節さんが、文明800年周期説というのを出されていますが、800年続いた西洋の時代が終わり、これから800年は中国をはじめとした東洋の時代になる、という説なんですよ。20、30年のトレンドの予測も経済においては重要だと思うけど、もっと長期の時間を考古学などから学び知識を得ることも大事ですね。そういえば僕、遺伝子検査をしてみたんです。その結果、遺伝子のタイプがM8で4万年前は北方漢民族だということがわかったんです。大腿骨が細いのは馬に乗っていたからだとか。

陳暁　そんなことまでわかるんですか。私も漢民族です。

坂井　だから夏代さんと僕は、親戚だったかもしれない。

陳暁　占いより面白いですね。過去の歴史を勉強するのと未来を予測するのは等しいと思うんです。技術の進化に伴ってサービスや人の気持ちが変わっていくだけで、基本は同じだと思うので。ネット社会になってから、業界もミックスされてきて、メーカー×エンタメとか、インフラ×サービスとか、いろんな垣根がなくなっています。だから、ジャンルや型に固執すると新しいアイデアは生まれない。型を知りつつ、型を壊す、ということだと思います。

坂井　中国では、新しい医療系のサービスがたくさん生まれているそうですね。

陳暁　二人っ子政策が始まってから出産ブームですね。例えば妊活で病院に行きたくても、病院が足りないので新しい医療系のサービスが続々と生まれています。高齢出産は今まで中国にはなかった分野。これまでは結婚したら子どもを基本的に一人しか産めなかったけれど、二人産めるようになったので、まだ間に合う30~40代の女性の間で需要が生まれているんですね。それに伴い国も法や制度を変えていきます。新しいサービスが生まれる背景には、いつの時代も急激な社会変化が伴っていると思います。日本でも問題意識を持ってる人はいるけれど、イノベーションが生まれにくいのは必要に迫られてないから。本当に必要に迫られたら対応するはずなんです。誰かが。

坂井　国家がちゃんと意図的にデザインしているんですね。うまくいっていると思う?

陳暁　今のところうまくいっていると思います。独裁型で。でもあの国土と人口だったら、独裁型が一番いいなと客観的に思いますけどね。逆にみんなの意見を聞いていたらキリがないかと。

坂井　企業も独裁型の方がうまくいっていません?

陳暁　決断のスピードが速いですからね。中国の企業はトップダウンとよく言われますが、トップダウンでいうと決裁権も各レイヤーで分かれていて現場の20代前半の子でも「この範囲までなら即日ＯＫ」とゴーサインを出せる。

私は、実は日本の企業のほうが、実質的には独裁だと感じていて、現場に決定権がないからボールを投げたときにすぐ跳ね返ってこないんですよ。中国は、独裁組織に見えるけど、大企業であっても、各レイヤーに決裁者がいるからボールを当てるところが合っていればすぐ返ってくる。その速度が今の中国と日本の成長スピードの差でもあるのかなと。

坂井　そうか、中国は規模が大きくなっても、ベンチャー体質なんですね。日本のマスメディアについて思うことはありますか？

陳暁　ニュース番組がバラエティ化しすぎている気がします。例えば中国の国営放送ＣＣＴＶだと、ニュース、スポーツ、エンタメなどジャンルごとにチャンネルが分かれていたりと、必要な情報がいつも一定数あります。ですが日本のニュースはかなり報道の色がバラエティに偏っていますよね。

坂井 それは僕も思うね。世界中旅行して帰ってきて、日本のテレビを見るととてもドメスティックで、グローバルの重要なニュースが出てこない。

陳暁 バラエティ番組はもちろんあっていいけれど、ニュースは脚色せずにニュースとして見せたほうがいい。そして日本のローカルニュースばかりでなく、世界のニュースももっと放映すべき。そもそもアナウンサーもかわいい女子である必要はなくて、その分野が得意な人をアサインすればいいと思うんです。メディアは国民を育てる一番の糧だから、そこから意識変革させていくの一番簡単なはずなんですよ。

国民を情弱化させるような、間違ったメディアの姿になっている。賢い人は自ら賢い情報を取りに行き、普通の人はどんどんダメになっていく。その格差が開くのが一番怖いですね。マスメディアの責任は大きいと思います。私の場合は、主にツイッターでそういった問題提起をするようにしていますが、そうすると同じ意識を持った人がたくさん集まって来るのでとてもいいですね。

坂井　夏代さんのような人がガンガン発言して、新しいスタンダードを切り拓いてほしいと思います。とても期待しています。

（2019年1月収録）

異なる文化に入り込めば、既成概念が壊れていく

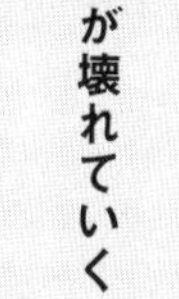

マカオに隣接する経済特区・横琴地区で、ビジネスを始めることにしました。中国に進出して痛い目にあったという人は山盛りいます。運よく僕がうまく進められているのは、陳暁さんとの対談で出てきた「自己人（ファミリー）」のおかげです。中国では影響力の強い人とファミリーの関係になると、いろんな部分で優遇してもらえます。企業としてではなく、個人と個人の関係が深いことが肝心です。

かつて「中国でビジネス」と言ったら、コピー商品が出回るといった話題に傾きがちでした。しかし今や新しいデジタルサービスが次々と生まれ、日本の未来を見ているかのよう。ダイナミックな変化を目の当たりにして、僕は中国に対する見方を塗り変えました。日本で当たり前とされていることも、中国に入り込むとまったく違って見えてきます。

日本でマスメディアといったらテレビですが、中国ではウェブ。日本のようにテレビＣＭで一気にブランド認知を上げていくやり方は機能しません。中国では影響力のあるＫＯＬ自体がメディアになっていて、自分のファンを通して売ったり、いっぱいファンを持ってる人が商品を紹介して売れたりしています。まるで「ケーブルテレビが無限にあるよう

な感じ」だと陳暁さんは言います。日本でも、SNSで何十万とファンを持つ人はいますが、中国では1ケタ違って何百万単位。中国にいる僕の知り合いのKOLは、商品を紹介したことで月に30億円分購入があったと言っていました。こうしたダイナミックな売れ方が起こるのも、影響を与える規模が違うからです。

中国はEC市場規模が世界1位です。中国最大のEC、アリババグループの「Tmall（天猫）」は、年間購入者数が6億人を超えています。ものすごい数ですが、陳暁さんからすると「まだ6億」という感覚で、人口14億の国では潜在顧客がたくさん眠っています。

スマホでの決済が進む中国では、リアル店舗の流通にもイノベーションが起きていて、スマホで注文して店舗からデリバリーしてもらったり、テイクアウトをしたりするサービスが盛況です。アリババの食品スーパー「フーマー」は、オンラインで注文すると、配達スタッフが店内で売られている生鮮食品などをピックアップして自宅へ届けてくれます。「集合住宅型の住居が基本なので、エリアごとに配送用のロッカーがありそこに届けてくれる」と陳暁さんが教えてくれましたが、これは中国の家庭で共働きが多いから。フードデリバリーのサービスは、共働きの背景もあって勢いを増しています。

店舗数を猛烈な勢いで伸ばす「ラッキンコーヒー」は、スマホから注文するとデリバリーか店頭での受け取りかを選べます。店頭で商品を受け取るときには並ぶこともなく、順番が来たらスマホをかざすだけ。現金やクレジットカード払いでは実現できない便利さです。ラッキンコーヒーは、ついに中国最大のカフェチェーンであるスターバックスを脅かす存在になり、今ではスタバはアリババと組み、フーマーでの注文などからもスタバのコーヒーの配送が頼めるようになっています。

平均年齢が東京の10歳ぐらい若返る中国の都市を歩くと年配者は目立ちます。これも日本との違いです。中国のＳＮＳで試しに僕の名前をエゴサーチしてみると、中国語の投稿が出てくる、出てくる。最初は「あれ、僕、有名人だったの？」と驚きましたが、これは中国だと一度認められた人は継続して慕われるという文化があるから。日本だと優秀な若いデザイナーが多いので、大御所扱いされると仕事が減っていくのが慣例で、僕もデジタルマーケティングにシフトしていましたが、今では中国からデザインの仕事が来るようになりました。あなたも異なる文化に入ってみてください。自分を縛っている既成概念を脱ぎ捨てることができるはずです。

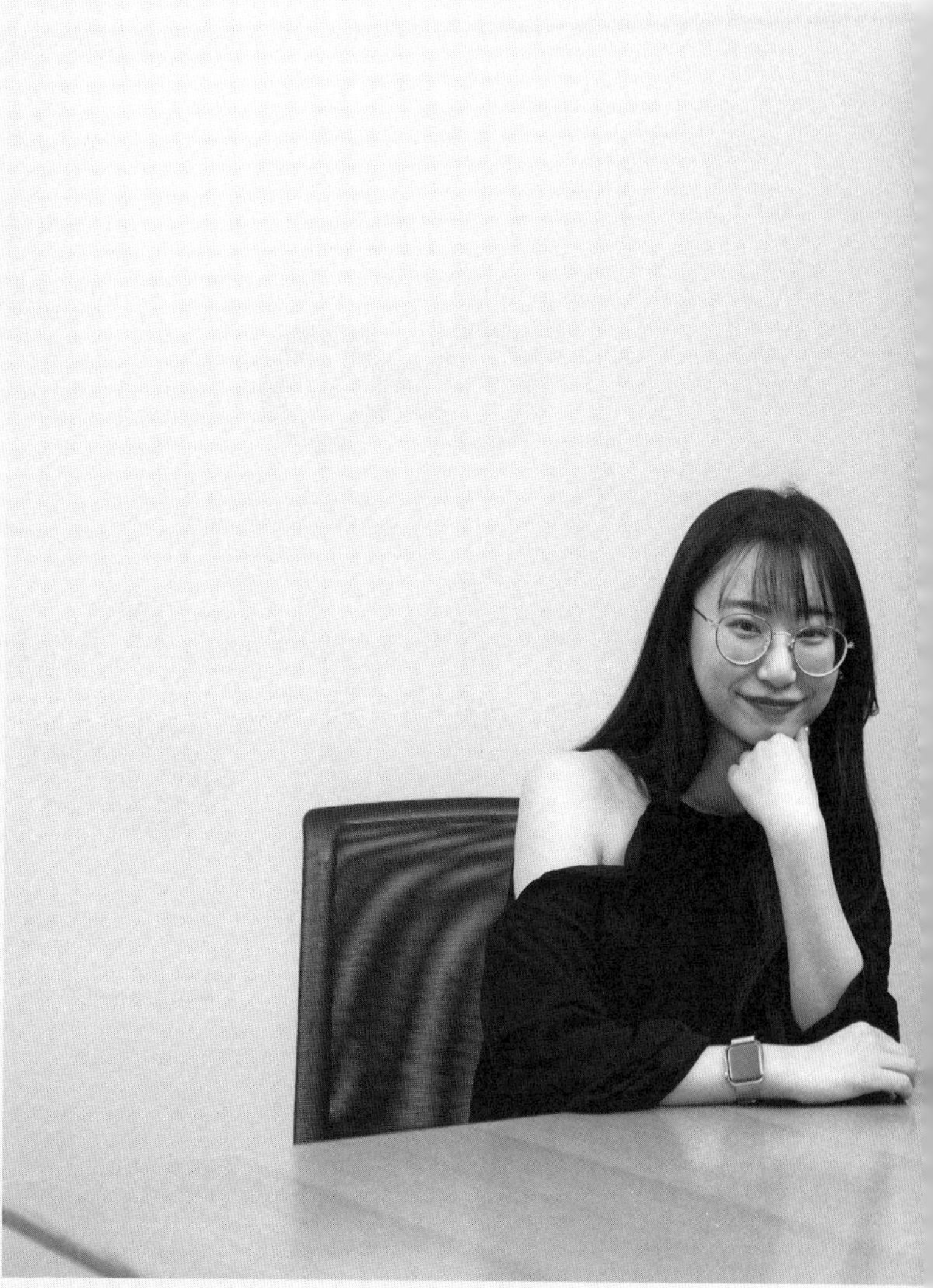

対談 4

成瀬勇輝

連続起業家
（ＴＡＢＩ ＬＡＢＯ、ＯＮ ＴＨＥ ＴＲＩＰ 創業）

×

坂井直樹

第４回目は、バンで各地を巡りながら、様々な場所で仕事をする「ノマド」を実践し、トラベルオーディオガイド「ON THE TRIP」を制作する成瀬勇輝さんとの対談です。旅や起業の話を起点に、スティーブ・ジョブズ、方丈記、水風呂……と関心領域を掘り下げ、過去・現在・未来の話を行ったり来たりしながら、これからの暮らし方について語り合いました。

成瀬勇輝　**連続起業家**
（TABI LABO、ON THE TRIP 創業）

東京都出身。早稲田大学政治経済学部経済学科卒業。米国バブソン大学で起業学を学んだ後、NOMAD PROJECT を立ち上げ、世界 30 カ国をまわり、起業家 500 人にインタビューしウェブマガジンにて発信。帰国後、企業コンサル、イベント事業を経て株式会社 number9 を立ち上げ、世界中の情報を発信するモバイルメディア TABI LABO を創業。2017 年「あらゆる旅先を博物館化する」をコンセプトにトラベルオーディオガイド「ON THE TRIP」を立ち上げる。著書に『自分の仕事をつくる旅』『旅の報酬 旅が人生の質を高める 33 の確かな理由』。

お金が無くなったら生きていけない、と思っていないか?

鴨長明は、鎌倉時代の「ノマド」だった

坂井　成瀬さんは、アメリカで起業学を学んだあと、世界中を旅して、枠にとらわれずに活躍する日本人をインタビューしてまわったそうですね。

成瀬　50年代、60年代のアメリカ文学を彩った「ビートジェネレーション」が好きなんですよ。行き過ぎた資本主義や大量生産・大量消費の世の中に閉塞感を感じた若者が反発していくカウンターカルチャーに憧れがあって、ジャック・ケルアックの『路上』なんかを読んで、アメリカに行きたい、世界を見たいと思ったんです。坂井さんは、そのころの空気をリアルタイムで感じていらっしゃるんですよね。

坂井　僕は60年代後半、サンフランシスコで「Tatoo T-shirt」をつくって売っていました。既存の企業に居場所はないと思って渡米したのが19歳のとき。ヒッチハイクをして、公園で寝泊まりしたこともありましたね。当時の中産階級は、ネクタイをしめたお父さんとレストランへ食事に行くような生活をしていました。そうした典型的なコンサ

バティブなアメリカと、既成の価値観を否定するヒッピーのような新しいジェネレーションが思い切りぶつかった時代です。

成瀬さんは僕よりだいぶ若いけれど、世代を超えて同じようなことに関心を持っているのかもしれないね。60年代は、あらゆるマイノリティを解放する運動が起きました。あれから50年経った今もＬＧＢＴとか環境保護とか、問題は残っているけれど、昔と違うのは、社会的な動きだったものから、企業や国家の動きになってきている。

成瀬　僕は、世界一周の旅を終えてから、23歳のときにモバイルメディアの「ＴＡＢＩ ＬＡＢＯ」を立ち上げ、２０１７年にトラベルオーディオガイドアプリの「ＯＮ ＴＨＥ ＴＲＩＰ」を立ち上げたんですが、ずっと旅に関心を持ち続けているのは、やはりビートジェネレーションに興味を持ったことが大きいです。社会問題に対して文学でムーブメントをおこそうとするところが面白いなと。

ケルアックが書いた『ザ・ダルマ・バムズ』に「リュックサック革命」という好きな一

節があるんです。アメリカの若者1万人がリュックサックを背負って世界中に飛び出すことで、当時の資本主義黄金時代みたいなものを変えていくことを唱えました。実際、アメリカの若者たちはバックパッカーになって世界をめぐり、その後、ヒッピーが生まれます。旅をして外を見て戻ってきた人たちが、新しい視点を取り入れてヒッピーのコミューンをつくっていくところにすごく興味を持ったんです。コミューンができるとメディアが生まれて、その中でヒッピーの生活を成り立たせるための知恵がつまった『ホール・アース・カタログ』が出てきた。

坂井　そうそう、これさえあれば、どこでも生きていけるっていう僕らのバイブル。当時の編集者の一人と友達なんですよ。

成瀬　そうなんですか！

坂井　載っているアイテムは通販で買えるようになっていて、今でいう、グーグルとかアマゾンみたいな本。

成瀬　まさに。スティーブ・ジョブズも『ホール・アース・カタログ』をバイブルにしていた一人ですよね。僕は『ホール・アース・カタログ』の本質は個人に力を回帰することだと思っています。そしてジョブズは、当時は軍など特権的な人だけにしか扱えなかったコンピュータを、個人が使えるように、パーソナル・コンピュータをつくっていくというのも興味深いです。

坂井　僕らが20代前半だったころは「大人なんか信用できない」と反発する空気がありました。そうしたジェネレーションギャップがあったからこそ、ヒッピーのコミューンができていったんです。今、ヒッピーを描いている映画なんかを見ると、長髪で髭を生やしてっていうファッションばかりに目がいってしまうけど。ちなみに60年代後半にアメリカで生まれたブランド「GAP」は、「ジェネレーションギャップ」が名前の由来。ジェネレーションギャップは、当時のバズワードでした。

成瀬　ヒッピーは、行き過ぎた資本主義を止めて以前の状態に戻した、退化したという見方をする人もいると思いますが、僕から見るとヒッピーは、新しい思想をコミューンにどんどん取り入れていって、螺旋のように上へ上へとのぼりながら変化しているように見えます。しかも中央集権的ではなく、コンピュータをパーソナル化するみたいに分散化していく感じ。これは、今の時代でも求められている方向性なのではないかと思います。テクノロジーと思想が合わさり当時できなかったことが現実になる。それが螺旋をのぼることです。

坂井 今から50年も前の話をしているけれど、人間の感じることはそんなに差異がないのかもね。一見止まっているように見えても、内部は絶え間なく変わっている。このコンセプトは、鴨長明も言っているよね。河の流れは途絶えないけれど、流れる水はもとの水ではない。

成瀬 ゆく河の流れは絶えずして、しかも、もとの水にあらず。淀みに浮かぶうたかたは、かつ消えかつ結びて、久しくとどまりたるためしなし。

坂井 よく覚えていますね。

成瀬　鴨長明が大好きなんですよ。僕らは、バンを家兼オフィスにして移動しながら取材先で生活してオーディオガイドをつくっているのですが、そのバンライフと、鴨長明の方丈記っていうのがすごくリンクしているなと思っていて。鴨長明は、方丈（＝四畳半の住まい）を、牛車で運んで転々といろんなところで暮らしていたんですよ。

坂井　鴨長明は、ノマドだったんだね。方丈記って、ほとんどがルポライティングですよね。

成瀬　はい。そのルポを動く家でやっていた。当時は、天災・飢饉が多くて、鴨長明は、時代が経っても住まいはなくならないけれど、家も住んでいる人も移り変わっていると言っています。大小ある家のうち残るのはわずかだし、人も二、三十のうちずっといるのはわずかに一人か二人。そこに依存していると時代に流されてしまう。だから外的要因に頼らない住まいのありかたとして方丈は面白いと思い

ました。

坂井　本来、日本の家屋は、木や紙、土でできていて、台風が来て壊れても、その辺の山にあるものでまたつくればよかったんですよね。そこに鉄筋入れたり、プレハブを入れたりしてるうちに、おかしくなっていった。依存しないで生きていくには『ホール・アース・カタログ』をもう1回読んだほうがいいかもしれない。

成瀬　平安末期から鎌倉初期を今の時代とリンクさせると、いろんな面白い部分があるんです。天災は今もまた多くなっていますが、バブルや恐慌など世界規模での不安が多い。そういった外的な不安要素に依存せず自立できる部分は自分でやる。個人のエンパワメントが、方丈記とつながっていきます。僕たちはバンを「動く方丈」と名づけています。

成瀬さんが家兼オフィスにしているバン。

坂井　未来の人々は、きっとバンみたいな電気自動車で、自動運転で移動するだろうと僕は思っています。

成瀬　だいぶ現実的になってきていますよね。

海まで移動し、波の音を聴きながら創作する

成瀬　今つくっているオーディオガイドは、お寺や神社が多いです。東洋的思想に対して、海外の人たちからの興味関心はすごく高まっていると感じています。禅なんかもそうですが、自分の内面に向きあおうとしています。

坂井　インナートリップですね。

成瀬　はい。マインドフルネスやヨガもその一つだと思います。日本のお寺や神社には、内面に気づかされるような東洋思想に触れたいという海外の人がたくさん来ているのです

が、伝えきれていない部分が多いんです。

坂井　説明が足りないんですよね。

成瀬　お寺に行ってもわからないことが多く、ちょっとがっかりされてしまうんです。かつて仏教学者の鈴木大拙さんが禅を英語でプレゼンテーションして世界に広めたように、伝えていくことの大事さを自覚しないといけないないなと。

坂井　寺子屋の復活が必要かもしれない。

成瀬　しかし文化財側は何を伝えたらいいかわからないし、お金がないところも多い。ヨーロッパでは文化財の入館料が高くて、サグラダ・ファミリアは3000円する一方で、日本のお寺は300円とか。維持できないからどんどん縮小していきます。台風で屋根が吹き飛んでしまったお寺も、修復費に7、8千万円かかることから結局ブルーシートを張ったままだったりします。だから入館料や拝観料を上げる必要がある、と思っています。

坂井　寺や神社には面白い秘密がたくさんあるんですけどね。例えば、明治神宮の森は、天然ではなく、全国から木を持って来た人工林で、当時の日本人が、明確なコンセプトをもってつくった森であえて鳥が集まらないよう実のならない木にしているとか、伏見稲荷大社の千本鳥居は、一本一本寄付した人の名前が書いてあって、現代でいうクラウドファンディングだとか。でも物語になってないと、伝わらない。

成瀬　そうなんです。東大寺の大仏も、当時日本にいた半分の人がかかわったと言われていて、僕たちのご先祖さまがかかわっていたかもしれないと思うと面白くなってきます。

　でも物語になってないと、来た人たちは何もわからず、スマホで写真だけ撮って終わってしまう。そうさせないためには、デジタルの力が物語を伝わりやすくするために使えると思っていて、なぜその文化財ができたのか、どういう思想でつくられたのか、今の人たちはどう感じているのかといった、ただの情報ではない物語を、僕らはオーディオガイドで伝えようとしています。物語を整備できれば、それは来た人たちへの付加価値になる。僕たちはオーディオガイドを誰でも無料で使えるように整備して物語を伝え、文化財の入館料や拝観料を上げる取り組みをしています。

坂井　ＶＲとか、ノンバーバルな漫画で見せるのもいいかもしれない。

成瀬　コンテンツをつくるために、拝観料を地元の人たちは無料、海外の人たちは高く、と２つ設定していいと思っています。その代わり、海外の人にもわかるように翻訳して物語を伝えていけば、付加価値が上がるし、収益が上がれば設備投資もできます。コンテンツはオーディオガイドだけではありません。先日、妙心寺退蔵院と一緒に、あめ玉をつくったんです。妙心寺は禅のお寺で、来た人たちに禅を少しでも身近に感じてもらいたい。そう思ってあめ玉を作りました。

坂井　なぜ、あめ？

成瀬　禅には行住坐臥という考えがあります。座っても立ってもどこでも修行ができる。そして、一つのことに意識を集中することで修行ができるとも言います。掃除をするときは掃除だけ、食事をするときは食事だけに集中。あめ玉を舐めるときって、基本的に仕事しながら、スマホ見ながら、とかが多いじゃないですか。だから、あめを舐めるときに舐めることだけに意識を集中することで、禅の入り口に立とうと思ったんです。

坂井　面白いですね。

成瀬　それを本堂で座りながら舐めてもらう体験をつくっています。あめ玉は「ひと粒の禅」というタイトルで、退蔵院の中でとれた柚子と、瞑想効果のあるゴツコラという薬草、そして花粉症に効くという食べられる杉のウッドパウダーでつくりました。

今僕は、自分の内面へ向かっていくことでトランス状態に飛ぶことに興味があるんです。旅において絶景は語り尽くされたし、デジタルによってあらゆるものが既視感に襲われるけど、まだまだ砦がある。それが自分の内面であり、感受性。僕は最後の絶景は自分の感受性にあると思っています。

坂井　滝行も、飛ぶというよね。僕のおばあちゃんは、シャーマン（拝み屋）だったので、高野山で2月に一人で滝行をしていました。

成瀬　僕は滝行をしたことはないですが、水の冷たさで、意識が飛ぶ感覚はわかるような気がします。4年間毎日サウナと水風呂に入っていて、熱いサウナの後に水風呂で血管が収縮すると、セロトニンが分泌されて気持ちよくなるんです。これをオーガニックハイと呼んでいます（笑）。禅も8年前からやっていて、アメリカで禅を教えている秋葉玄吾さんの好人庵に、1カ月ほどお世話になっていたこともありました。

坂井　線香の香りもあって、身体の感覚が鋭くなりそうです。

成瀬　外へ外へと向かっていこうとすると、結局自分の内面と向き合うことが必要になってきて、それが今の人たちが求めているコンテンツではないかと思っています。それをつくるきっかけが日本の文化資産にあるし、日本が世界をリードできる部分だと思います。リアルな場所で体験したことを拡張する後押しは、デジタルができると考えています。

坂井　山伏修行はしました？

成瀬　ないですが、興味あります。山伏の寺、三井寺にはインタビューに行きました。山伏は、各地を巡る遊行をしながら、都で学んだ土木や建築などの最先端のカルチャーをインストールして文化をつくっていたと聞きました。それはノマドの人達が、各地をめぐりながらコンテンツをつくっていく感覚と近いものがあります。

坂井　それを聞いて、ヒマラヤ山脈にあるシェアオフィスを思い出しました。籠もる人もいるそうで、小説を仕上げなくてはいけないだとか、ニーズはありそうですよね。

成瀬　実際、執筆活動はネットがなくてもいいし、自然に近いところにいるほうが、面白いものが出せるような気がします。バンを海辺に停めて、海の目の前で仕事をすることもあります。僕らがバンで暮らして取材先に1～2か月滞在しながらオーディオガイドをつくっていく過程は、アーティストが地域に滞在しながら作品をつくっていくアーティスト・イン・レジデンスの発想に近くて、決して住民にはならず、よそ者の視点を持って制作することで、住民にはなかった視点を手に入れるようにしています。

坂井　バンの中に自分の荷物はどれくらい置いてあるの？

成瀬　スーツケース1個分あるかないかです。バンには、風呂もトイレもありません。リビングとすら言えない。もはや寝床です。3～4人寝たら満杯です。

坂井　でも、意外と生活できてしまうのでは？

成瀬　はい。食事も地域の人たちと食べるし、冷蔵庫がないので水を買いにコンビニにも行く。暮らしをアウトソーシングしているんですよ。すると、あそこのコインランドリーがいい、とか地元の人よりまちに詳しくなっていって、まちが自分たちのホームになっていく感覚になります。一つの場所に固定せずに、方丈記のように移動しながら暮らす発想と、デジタルを含めてアウトソーシングしていくことの融合。これも、これからの暮らし方の一つになっていくのではないかと思います。

坂井　Uberなんかは、今フードデリバリーをしているけれど、長期的には、「家に何もなくても必要なものは届けますよ」という事業に近づいていくのかもしれないですね。これから空中タクシーも出てくるだろうし。

成瀬　暮らしをアウトソーシングして分散していくと、外とのかかわりは増えていきますから、本当に豊かなものとは何なのか、より鮮明に見えてくるかもしれません。僕らのバンでの暮らしは、一般的に見たら怪しいですけれど、暮らしが自然に近くなっていくのは心地いいものです。朝、鳥の鳴き声で起きるとか、海の音を聴きながら寝るっていう生活は都会ではできません。そういうところに豊かさを求めることもできそうです。

坂井　心の時代ですね。僕は10歳前後の3〜4年間、おじいさん、おばあさんと家をつくって自給自足していたんです。電気も水もガスもない。夜は石油ランプ。太陽が落ちたら寝て、朝は太陽が出たら起きるような生活でしたが、僕にとってはもうワンダーランド。食べるものなら、野菜も鶏も、全部周りにありました。

東京の人は、お金がないと死ぬと思っているけど、通貨なんて数千年前にできたもの。それまでは普通に生きていたわけですし。僕の友達は、アメリカからコスタリカに行きましたがバナナやパパイヤや赤トウガラシが生えている。魚もバンバン釣れる。死なないですよ、あそこでは。しかもコスタリカは軍隊もない。

成瀬　必要ないものを持たなくていい生活をデジタルが後押ししてくれるといいなと思います。

坂井　ＡＩが進化したら人はどうすればいいか、とみんな焦っているようだけど、アートとか旅とかそういうのでいいんですよね。みんな遊ぶことを知らないから、遊び方の学校をつくらないと。

成瀬　そうですね。特に内面の旅を楽しむことは、これから大きなコンテンツになるはずです。ベストセラーになった『サピエンス全史』の中に、ホモサピエンスが優れていたのはフィクションを信じる力が他の種族とは違うからとありましたが、物語を信じる力を持っているというのは人間の大きな特徴です。

坂井　松下幸之助も、「物心一如」という、目に見えるものだけでなく、目に見えない要素も大事にすることを説いていました。

成瀬　これからは、受け取る人によって多面的な解釈ができて、物語が変わっていくことを楽しめるようなコンテンツ、受け取る人が物語の一部になるようなコンテンツづくりにも挑戦したいですね。時間、季節、その人の感情によって楽しみ方が変われば、単なる情報ではない、リッチコンテンツになっていくと思います。

理論物理学者・佐治晴夫さんは、今までがこれからをつくるのではなくて、未来の自分が過去を定義している、という話をされていました。例えば恋人と別れたという事象も、3年後の自分からすると、新しい出会いのためのプロセスとも言えるし、もしかしたら再び出会うための布石かもしれない。こうした考え方は、物語が、受け取る人や場所に応じて変わっていくという話に近いと思います。

坂井　バンで移動しながら、コンテンツをつくって暮らす成瀬さんのスタイルは、未来の自動運転の世界として想定されているような、車が宿泊施設になったり、オフィスになったりすることを先取りしていますよね。新しい発想をどんどん取り込みながら、いろんな物語を体験できるコンテンツをつくっていってください。

（2019年2月収録）

既成の価値観から、ドロップアウトする

モノは持たず、バンで移動しながらノマドワーキングをする成瀬さん。物質的な豊かさの逆を行き、カウンターカルチャーへの関心も強い。そんな成瀬さんを見ていると、1960年代の頃の僕自身と重なるところもあって、思わず目を細めてしまいます。

当時僕はヒッピーのメッカであるサンフランシスコに渡っていました。学生の頃に知り合ったヒッピーのもとを訪ねたのです。サンフランシスコには既成の価値観からドロップアウトした若者がたむろしていて、ベトナム反戦運動やマイノリティの解放運動など、世の中を変えようとする熱気にあふれていました。エコロジー運動もヒッピー文化から生まれたものです。行き過ぎた工業化社会を否定して、地球全体の環境や資源を守ろうという運動でしたが、今では環境問題は、国家が関与する問題になっています。60年代は、現在の社会課題の多くに、既に気づいていました。効率や機能性から離れ人間らしい視点が求められてきた時代でもあります。対談で出てきた「ホール・アース・カタログ」は、ヒッピーが共同体をつくり、権力に支配されずに、自然の中で生きていくためのバイブルでした。

各地を旅しながらコンテンツをつくって暮らす成瀬さんの荷物は「スーツケース1個分

くらい」。波の音を聴きながら寝るような「自然に近い暮らしが心地いい」と言います。多くを消費したり、所有したりしなくても豊かさのある生活はできます。ところが度を越した物質主義の中で過ごしていると、「金銭や物品がすべて」のような誤解をしてしまいがちです。それを揺り戻すようなトレンドが出て来たほうがいいと僕は思っています。自然の恵みが豊富な場所に移り住んで、自分で食べるものを得て、魚を釣って暮らすのもいい。僕は、モノにあふれたバブル時代も経験しましたけれど、戻りたいとは思わないですね。

自然の中で暮らすというのは、自給自足をするだけでなく、自然の資源を価値に変える生き方も含まれると思います。例えば里山で葉っぱを採集して料亭に「つま」として販売する、徳島県・上勝町のおばあちゃんたちは、生きがいを持って嬉しそうに働いています。葉っぱで年間売り上げが1千万円を超えるおばあちゃんもいるというから驚きです。

一つの価値観に依存しないこと。既存概念の逆を行くことが、イノベーションを生むと僕は考えています。成瀬さんが実践するノマドスタイルは、新しい働き方、オフィスのありかたを提示していますし、権威に抵抗する60年代のカウンターカルチャーがあったから、個人でも使えるパーソナルコンピュータの誕生につながりました。ほかの誰もやったことがない新しいことで成功したいなら、ほかの人と「逆のこと」をすればいいのです。

対談 5

清水亮

ギリア代表取締役社長

×

坂井直樹

第５回は、「ヒトとAIの共生環境の実現」を目指し設立されたギリアの代表取締役社長・清水亮さんとの対談です。令和時代の人工知能・AIはどうなるのか、人間の知能を再現できるのか。人間の知能はどんなものなのかを掘り下げます。

清水 亮　ギリア代表取締役社長

新潟県長岡市生まれ。プログラマーとして世界を放浪した末、2017年にソニーCSL、WiLと共にギリア株式会社を設立、「ヒトとAIの共生環境」の構築に情熱を捧げる。東京大学先端科学技術研究センター客員研究員。主な著書に『教養としてのプログラミング講座』『よくわかる人工知能』『プログラミングバカ一代』など。

人工知能を語る前に……そもそも人間の知能って何？

Ｓｉｒｉと話しても虚しいのはなぜか

坂井　ディープラーニングが注目されるようになってから、何でもかんでも人工知能、ＡＩと呼ばれています。

清水　僕はむしろ人工知能の概念を広げて、電卓から人工知能と呼んでいいと思っているんです。人工知能とは何か。それは「人間の知能を、どんなものと認識するか」を考えるのと同じことです。人工知能が発展するプロセスは、実は、知能をどう認識するかの進化の話なんですよ。

例えば１００年ほど前だと、集計作業は機械にはできないと思われていたけれど、穴あきカードを発明して、穴の数を数える機械をつくったら、13年かかると言われていた集計期間が1年半に短縮できた。そうやって人間にしかできないと思われていた知的作業を、機械を使って効率的にやっていくことに関心が高まっていったんです。穴あきカードをつくった会社はＩＢＭという名前に変わっていくわけですけれど。

坂井　人力でやっていた情報処理を、機械が代わりにやることで、高速にできるようになりましたよね。

清水　集計は足し算ですが、次はもっと難しい計算ができるように考えて計算機ができました。だから電卓は、人工知能を目指す最初の道のりにあるわけです。

坂井　知能を機械化する試みの始まりですね。

清水　言葉と言葉の関係性も、計算機上で扱われるようになります。第２次世界大戦下では、暗号を解く機械がつくられました。有名な話ですが、ドイツの潜水艦Ｕボートがどこに現われるかは暗号化されていて、解読のためにイギリス政府は数学者を集めました。ところが暗号の鍵を解くために、すべてのパターンを総当たりで試そうとすると、一つの暗号を解読するのに、１万人の数学者がいても２０００年かかる。でも20分以内に解かないと意味がない。そこで数学者のアラン・チューリングは、人力ではなく暗号解読する機械を開発して、解読に成功します。

坂井　チューリングは、人工知能の父と呼ばれるようになります。

清水　ここで知能とは何か、という話に戻しますが、最初は「計算が正確で早い人は賢くて知能が高いから、計算を機械化したら人間のように賢いモノがつくれる」と期待した。けれど、いざ計算機ができて、計算するスピードが上がっても、「求めていた知能と違う」となって、人工知能の研究は一度挫折するんです。

次に「賢くて知能が高い人は、たくさんのものを知っている。問題を解決する最適な手段が選べる」という仮説があって、いろんな情報処理方法、アルゴリズムをコンピュータで実行できるようにしました。けれど、やっぱり求めていた「知能」とは呼べなくて、人工知能の研究は行き先を見失ってしまった。これが１９９０年代初頭です。

坂井　人間の思考を機械が再現できているとは言えなかったわけですね。

清水　例えば、犬と猫の違いを写真だけ見て判断するというのは、アルゴリズムでは実証できません。でも猫は、相手が猫なのか違うのか、わかるわけですよ。

坂井　猫にもできることが、人間がつくった人工知能では説明できない、と。

清水　「知能ってこういうものだよね」と仮説を立てて、それを再現しようとする人工知能の研究と並行して行われてきたのが、理屈はわからないけど生物の構造と同じものを人工的につくり出して知能を再現しようというアプローチです。チューリングが活躍したのは1940年代ですが、同時期にアメリカの神経学者のウォーレン・マカロックは人工ニューロンを発表します。神経細胞をコンピュータで人工的につくり出して、学習させて知能を再現しようとしました。

坂井　これがディープラーニングにつながっていくんですね。

清水　でも長いこと目が出なくて、人工知能の研究は縮小していきます。僕は小学生の頃から人工知能をつくっていたけれど、就職する頃、人工知能だけで食べていくのはすごく難しくて、それでＯＳとかゲームの方に進んだんです。

坂井　それで清水さんはプログラマーになったんですね。今はプログラマーとしての視点から、人工知能を捉え直そうとしている。

清水　人工知能の研究者が、いろんな方向に進んだおかげで、生まれた技術もあるんです。ウェブやグーグルの検索エンジンも、その一つ。ウェブは「知能」には見えないですが。

坂井　副産物がたくさんあるんですね。

清水　２００６年頃からディープラーニングが急激に進歩して、猫か犬かの画像判別を機械でできるようになると、人工知能がとたんに注目を浴びるようになります。ブレイクスルーが起きたんですが、面白いのは新しいことは何もいらなかったんですよ。今のディープラーニングの基礎は90年代に論文が出ていたんです。多少の工夫はありましたが、今まで高尚で素晴らしいものだと思って研究してきた人間の知能は、たいしたことがなかったと発見したんです。

坂井　幻想が破れてしまったんだ。そのショックは大きい。

清水　囲碁でトップ棋士を負かした人工知能も、ディープラーニングの成果です。囲碁をやったことのある人ならわかると思いますが、名人級に勝つのは相当難しい。その戦い方を見ていると、相手を誘導しているようにも見えて、機械に知能があるかのようです。でも人工知能のフタをパカッとあけると実に簡単な仕組み。頭のいい象徴だと思われている棋士に、シンプルな機械が勝ててしまうとなると、頭がいいことの定義が根底から揺らぐわけです。人工知能の進化のプロセスで何度も出てきた、「知能って何なの？」という根源的な問いに、また戻るわけです。一方で、会話するロボットとかスマートスピーカーとかは、まだ知能があるようには思えない。今はそこで悩み始めているところなんじゃないか。というのが、人工知能に対する僕の現状認識です。

人工知能をつくること自体は、やってみると簡単だとわかってきていて、次は人工知能を使って何をするか、のコンセプトとか戦略のほうに軸足が移ってくるんじゃないかと思います。インターネットが出てきたときと同じですね。ＨＴＭＬについて、最初は珍しがられたけれど、今はＨＴＭＬを書くこと自体よりもユーザーにどんな体験をさせるかが大事になっています。

坂井　棋士に勝ったグーグルのアルファ碁だったり、レシピを提案してくれるＩＢＭのシェフ・ワトソンだったり、専門分野に秀でた人工知能が出てきています。これから技術が進むと、何でも器用にできてしまう、人間が持つ能力をトータルに兼ね備えた人工知能の実現というのはあり得るのでしょうか？

清水　時間軸はわからないですけれど、今の科学の考え方でいったら、遠い未来にはあり得るでしょう。ただ〝ＡＩ〟って身体性を持ってないので、どこまで行っても嘘になるだろうなとは思います。例えば人工知能を使った翻訳で考えてみましょう。カナダはフランス語と英語、両方とも公用語なので、英仏翻訳は大きなテーマです。英語の空間内にてＸで表現される言葉を、フランス語の空間でｘに変換して、もう１回英語の空間で逆翻訳して´xを作る。Xと´xの間に生まれた差を縮めていけば、人工知能はフランス語と英語の差を理解したと言える。これが今一番進んでいる人工知能での考え方です。ところがこれ、翻訳業務をしたことのない人の発想なんですよね。

わかりやすくするために英語と日本語で例えてみます。〝I am Japanese〟を日本語に翻訳すると、「私は日本人男性です」とも「俺は日本男児だ」とも訳せます。これを英語に逆翻訳しても、〝I am Japanese〟になるとは限らない。〝I am a man born in Japan〟かもしれないし、ほかの翻訳もあるでしょう。翻訳する人によっても、文脈や、カルチャーによっても表現は変わります。要はどんな環境で使われる言葉なのか、という視点が欠けているんです。

坂井　人間は、脳だけじゃなくて身体がありますからね。

清水　身体性があるから、それっぽく訳せるんです。人間の翻訳者は、日本語なら背景に日本のカルチャーがあることを理解しているけれど、機械はわかってない。逆翻訳したときの差を縮めればいいというのは、傲慢な前提なわけです。

坂井 差が縮まったとしても、人が期待するような日本語になるかといえば、必ずしもそうはならないわけですね。

清水 Siriやスマートスピーカーは僕たちと同じ言葉のようなものは使っています。でも受け答えがイマイチなのは、言葉の背景にある環境、カルチャーがないからなんです。だから、いくら話しても虚しい。自動販売機と話しているようなものです。でも、背景が伴ってくれば、話す価値が出てきて、第4世代の人工知能に行けるかもしれません。

坂井 相手の環境を理解する機械が出てきたら面白いことが起きそうです。

清水 先ほど、犬猫の画像を認識する人工知能の話をしましたが、猫の画像を見せると、猫度何パーセント、犬度何パーセント、ヤカン度何パーセントのように確率で出てきます。猫の画像に反応するニューロン、犬やヤカンの画像に反応するニューロンがあって、大量のデータを学習して画像を分類しています。同じように学習させた人工知能に、同じ猫の画像を見せても、どう認識するかは、個体によって異なるんです。ましてや個体同士がわかり合うこともありません。でも猫が2匹いたら、お互いに猫同士だと判別しているし、2匹がいる環境にエサがあったら、相手の動きを見ながら、あいつもこれを欲しがっているんだなとか、わかり合えるわけです。

坂井　機械が大量の情報を学習して画像を判別していると聞くと、なにやら高度なことをやっている気がするけれど、それは猫でもやっているということですね。

清水　そうです。生物の中でも人間が特別だとすると、それは、無数のパターンが生み出せる言葉を使って、ほかの個体と意思疎通ができること。しかも言語だけじゃなく、絵とかダンスとか、歌とか運動で表現することもできます。

坂井　相手の環境を理解して、意思疎通できるかどうか。今の人工知能と人間の知能の大きな差は、そういったところにあるんですね。

誰でもＡＩが使える世界を目指す

坂井　清水さんは誰でもＡＩが使える世界、使っていること自体、感じさせないレベルを目指されているそうですね。

清水　理想に近いのはメガネです。メガネをかけている人って、普段メガネを身に着けているという意識はないですよね。コンタクトとか服もそう。当たり前のように服を着て、コンタクトを付けて過ごしている。一方テクノロジーは、使っているという意識を持たせている時点で、まだ未成熟なんです。だから僕は「コンピュータがなくなる」ところまでいきたいと思っています。

コンピュータを使っているとか、コンピュータだ、と思っている段階では、まだ成熟していない。そもそもコンピュータって言葉が長い。頻繁に使う実用的な言葉は短くなっていきます。ＡＩ、アーティフィシャル・インテリジェンスも長すぎる。ＡＩっていうと冷たいイメージがするけれど、本当は温かいものなんですよ。アーティフィシャルというのは、人の手がかかったっていう意味ですから。

坂井　ナチュラル＝「自然な」の対義語だ。

清水　人間が使っていることを意識しないＡＩが理想形ですが、それがどんな形になるか、僕もまだわからない。こうすればこんなものがつくれるという未来像はもちろんあるんだけれど、みんなが使うかはまた別の話ですから。

例えば、マウスをつくった発明家のダグラス・エンゲルバート博士は、マウスのほかにもポインティング装置のアイデアを持っていて、マウスがこれほど長く使われると思っていなかった。でも便利だから皆マウスを使い続けています。ビジネスマンとしてヒット商品をつくるというのは命題としてある一方で、科学の話をする立場で言えば、持っているだけで人生がよくなるものをＡＩでつくりたい。例えば、自分にとってよくないうそをつくと震えるお守りとか。ディープラーニングならできそうなんですよ。発汗もわかるだろうし。

坂井　持っていると、倫理的になるってことですね。

清水　はい。これが震えた時は、自分によくないことが起こると。今までは頭の片隅で「神様、仏様が見ているぞ」と自分を律していたのを、科学的に「お前は今まずいことをしようとしてるぞ」と知らせる。つまらないことでいいんですよ。飲み会に行って盛り上がっちゃって、自分の許容量超えているのに、もう1杯ハイボールを頼もうかなって時にぶるぶるって震えたら、これはよくないパターンだろうと気づかせるとか。

坂井　清水さんの話で思い出したのは、中国のジーマクレジット（芝麻信用）。スコアリングで人々を倫理的にさせているので注目しています。個人の信用スコアで、一番信用できる人が950点。決済履歴だけでなく、学歴や職歴、資産、SNSでの交友関係、寄付の状況など、様々なデータを人工知能が分析してスコアに反映しているんです。みんなお互いにアプリでスコアを見せ合って遊んでいるんですよね。スコアに応じて特典がつく仕組みがあって、強制的に入るものでもないし、いいことすると自分のスコアが上がっていくから、人々は意外と倫理的になっていく。

清水　スコアが高いと、デポジット不要でレンタルサービスを受けられたりするインセンティブもいいですね。

坂井　中国は人口が14億で、個人データも非常に取りやすい国。扱えるビッグデータ自体も多いですしキャッシュレスも発達していて、デジタルマネーだからお金の流れのログも残る。人工知能が絡んだサービスが進化する要素は持っています。信用スコアのサービスは日本企業でも取り組みが始まっていますね。

清水　いま僕たちはＢｔｏＢのＡＩサービス事業がメインですが、最終形はＢｔｏＣを目指しています。ＢｔｏＣに行くまでの間のカテゴリーとして、ＢｔｏＰ（プロフェッショナル）を考えていて、人工知能のプロじゃなくてもほかの分野のプロなら使えるものをまずはつくろうとしています。そこからＢｔｏＨ（ホビースト）、ＢｔｏＣへとだんだん落としていきます。機械やテクノロジーというのは、歴史的に見てもＢｔｏＣに行くんです。

コストダウンやダウンサイジングが必然的に起きますから。コンピュータもそうです。BtoBと言えば、IBMが1964年に発表したシステム360。NASAとかが買ったマシンです。BtoPとして出てきたのが、1965年に当時のDECから発売された汎用性の高いPDP-7、BtoBほどつくり込んでいないミニコンピュータです。BtoHの例は、AppleⅠ、日本でいったらNECのTK-80、マニアにはわかるコンピュータです。いまAIは、BtoHまで降りてこようとしている。

坂井　その先に必ずBtoCがあるんですね。

清水　AppleⅠが進化してBtoCのMacintoshが発売されたのが1984年。BtoCに行くまでが時間がかかるんですが、最後に残るのはBtoCのコンピュータです。ホビーストのものじゃなくコンシューマーのものになる瞬間があるのですが、アメリカの場合は、確定申告に使う表計算ソフト、日本は、年賀状を書くためのワープロソフトがキラーアプリケーションでした。そこから一気にBtoCへ行く。

坂井　ＡＩも、ＢｔｏＣに向かっていくだろう、というわけですね。

清水　令和は、ＡＩを普通の人が使う時代になります。今から10年後とか20年後とかは、僕の母親でもたぶん人工知能を使っているでしょう。思い返せば母はビデオデッキの録画予約もできなかったのに、今やＬＩＮＥでメッセージを送っている。すごいイノベーションですよね。ＡＩを誰でも使えるようになる日はいつか来る。その瞬間を逃さないようにしたいんです。

坂井　それは勝手に広がっていくものなんでしょうか、それとも、こういう方向にやっていこうとしてできるものなんでしょうか。

清水　両方だと思います。例えばジョブズがアップルから追い出されたときにつくった真っ黒いコンピュータ「ＮｅＸＴ」。そのＯＳは革新的でした。ジョブズはＢｔｏＣに行きたかったけれど、やりたいことをやろうとすると値段を上げざるを得なくて売れないから、大学で買ってもらえるコンピュータをつくるんです。結局、ＮｅＸＴは売れないんですが、数少ない天才たちに届いたことに意味がありました。欧州原子核研究機構で働いていたティム・バーナーズ＝リーが「ＷＷＷ」を開発したときに利用していたのは「ＮｅＸＴ」ですし、ゲームの世界に入り込んだような視点、１人称視点のゲームをつくったジョン・カーマックが愛用していたのも「ＮｅＸＴ」です。

ジョブズは、プログラミングの専門家でない人でも知的創造ができるように考えて、開発環境を整えていました。世界を変えるソフトを作ってほしい、そのための環境なんだ、という強いポリシーをジョブズが発信していたから、そのメッセージを受け取った人たちがいた。そしてＮｅＸＴのプログラミング環境は今のＭａｃやｉＰｈｏｎｅにそのまま引き継がれているんです。

坂井　人工知能は世の中に革新的なことを生み出せる分野。誰でもＡＩがつくれる環境が整ったら、どんなことが起きるか楽しみです。

（２０１９年４月収録）

人間を知るところから、ＡＩの活用は始まる

人工知能というと、今一番の花形の領域であり、清水さんとの対談は、プログラミングとかテックの話が中心になるのかと思いきや、「人間の知能とは何なのか？」という根源的なところを探ることになりました。

『妻のトリセツ』を書いた人工知能の研究者、黒川伊保子さんに講演してもらったときも、「人工知能を男性脳にするのか、女性脳にするのか」という、一見人工知能と結びつきにくいジェンダーの話をされていました。例えば看護ロボットが患者と会話するときに、どちらの脳で話すのか。人工知能に性別はないけれど、男女の脳の差から来る、言葉のニュアンスや言葉の受け取られ方の違いを知らずに人工知能を設計してしまうと、とんでもないことになってしまうというのです。どんな人工知能をつくるのかを考えるには、人間の知能とは何なのかを紐解くところに立ち戻らないといけないということです。

清水さんは「人工知能をつくること自体は、やってみると簡単だとわかってきていて、次は人工知能を使って何をするか、のコンセプトとか戦略の方に軸足が移ってくるのでは」と話していました。「こう言われたら腹が立つ」とか「こう言われても虚しいだけ」といっ

た、人と人とのコミュニケーションにかかわることが、人工知能を活用していくにあたって大事になっていくというのは新鮮でした。

対談の中で出てきたワトソンは、人間との自然なコミュニケーションに長けています。ＩＢＭでは、ワトソンをＡＩではなく「コグニティブ・コンピューティング・システム」と呼んでいます。コグニティブとは認知のこと。情報を処理するだけでなく、自ら理解し、推察し、学習するシステムを指します。人間の言葉を理解し応対できるコグニティブ・システムは、コミュニケーション・ロボットの技術に生かされています。

ＡＩ通訳機のポケトークが、１年７カ月で出荷台数50万台を突破したように、人工知能による円滑なコミュニケーションの実現は、需要が高まっています。

『メディア論』で有名なマーシャル・マクルーハンは、メディアやテクノロジーを人間の身体の拡張と捉えました。ラジオは聴覚の拡張。自転車や自動車は足の拡張。今僕たちの身の回りにあるツイッターやグーグルは脳を拡張しているとも言えますし、人間の作業を自動化できるロボットも身体の拡張です。人間の持つファンクションを分解して、これまで優れたエンジニアたちが人間の代行品をつくってきました。でも一体化はしていなくて、例えば１００メートル９秒で走れるロボットが、棒高跳びをやるかと言ったら、テクノロジーにそこまでの柔軟性はまだありません。なんでもこなしてしまう汎用型のＡＩやロボットの実現はまだ遠い段階ですが、自ら学習する人工知能によって、汎用型が生まれる素養ができたとも言えます。

人間の身体を拡張するという発想は、古くなった部品（身体）をテクノロジーで若返らせる、メンテナンスするという考えにもつながってきます。テクノロジーによって人間の寿命は１０００年まで延びるのではないかという説も出てきています。

先端を行くテクノロジーを導入するときは、それを使う生身の人間についても思いを馳せる、このことは忘れないようにしたいものです。

FEATURING 200 PHOTOS FROM THE NASA ARCHIVES
MISSION TO THE
MOON
Alan Dyer

COSMIC MOTORS
APOLLO

対談 6

山口有希子
パナソニック

×

坂井直樹

第6回は、ヤフーやIBMなどでBtoBマーケティングに従事し、パナソニック コネクティッドソリューションズ社へ移籍したエンタープライズマーケティング本部長の山口有希子さん。100年の歴史を持つ企業で、人材の多様化、ダイバーシティの推進や企業風土の変革に挑んでいます。培われてきた同質なカルチャーに甘んじず、異質なものと交じり合おうとすることで、組織やビジネス、教育にどんな変化が生まれようとしているのか、語り合います。

山口有希子
パナソニック
コネクティッドソリューションズ社 常務
エンタープライズマーケティング本部
本部長

1991年リクルートコスモス入社。その後、シスコシステムズ、ヤフージャパンなどで企業のマーケティングコミュニケーションに従事。日本IBMデジタルコンテンツマーケティング&サービス部長を経て、2017年12月より現職。日本アドバタイザーズ協会 理事 デジタルメディア委員会 委員長。ACC TOKYO CREATIVITY AWARDS マーケティング・エフェクティブネス部門審査員。

強い組織をつくるには？

そろそろ真剣に「ダイバーシティ」と向きあおう

ティーンエイジャーのほうが僕より偉いと思っている

坂井　初めてお会いしたのは、山口さんがＩＢＭにいらした頃ですね。ダイバーシティをテーマに話を聞くなら山口さんが最適と聞いて。

山口　ＩＢＭは、ダイバーシティをすごく推進している会社で、人材を多様にして生産性を上げていこうとしています。その前に在籍していたヤフーでも、私は1対1で部下の話を聞く１ｏｎ１ミーティングを続けていて、いろんな背景とかキャリア観を持つ人たちを支援して、一人ひとりが持っている力を発揮できるようにしていました。

坂井　僕は、中国が未来社会のモデルになると思っているから、頻繁に勉強しに行くんですが、女性の社長や副社長が事もなげにいますよね。もはやダイバーシティという言葉自体が必要ないような感じです。

山口　日本だと女性の抜擢は、わかりやすい組織のダイバーシティですからね。中国の方と話していると、シンプルに成果を出す、稼ぐことに価値を置いている。強いです。

坂井　中国の企業を見ていると、事業自体もオープンで、社内に資源をとどめずに外に開いていているように感じます。例えば、テンセントが出資している「猫眼娯楽」という映画チケットをオンライン販売している会社があるんですが、日本で言うとチケットぴあみたいなもので、中国のオンラインチケット販売の60％が、その会社を通して行われています。どの映画のチケットが今買われているかをリアルタイムでディスプレイに出していて、そのデータを分析して販売しています。

山口　得られたデータを使ってほかの会社と組んで、ビジネスを活性化しているんですね。

坂井　世界のＥＣの4割を占める中国は、様々な行動がデータでとれます。個人情報の扱いも日本と異なりますし。

山口　扱えるデータがとてつもなく大きくて、しかも既存のシステムが少ないからこそ、中国はいろんなチャレンジが起きやすいんですね。ＩＴで情報が手に入りやすくなってから、「いいビジネスモデル」とずっと言われ続けているのは、チャレンジの数を増やしてその中から学ぶこと。ところが、それを組織のカルチャーとして根付かせて実践できているところって、日本だとなかなか……。

坂井　２０１９年４月にトヨタが、ハイブリッド車の特許を無償開放しましたが、あれはコア技術を他社に渡すことで、ハイブリッド車市場全体を広げていこうとするチャレンジですよね。とはいえ、日本はまだまだ同質文化。クラシックな国だなと思います。

山口　ある意味、幸せな国なんだと思います。ガラパゴスでいても、それなりの市場規模があったから、そのままでよかったけれど、労働人口が減って生産性が上がらない中で、変わらなきゃいけません。日本でもベンチャー企業の若者と話すとワクワクします。いろいろなことにチャレンジをされている方を応援できるようにしたいし、パナソニックのような１００年企業も変わっていくチャレンジが必要だと感じています。

坂井　外から見ているとパナソニックは、チャレンジしているなとわかる要素があります。山口さんがいること自体、象徴的ですよ。でもダイバーシティは、甘い話だけじゃなくて、血だらけになることもある。ダイバーシティの導入期は、いったん生産性も下がるしね。

山口　今、中途採用も含めていろいろ外からの知見を入れているんですが、カルチャーが入り交じるとやっぱり大変です。お互いに理解できないし。でも、そこを乗り越える中で、一緒に目指すべき「パーパス（存在意義）」をきちんとつくれるかどうかが、重要だと思っています。

坂井　そう思います。山口さんは、組織の中でのダイバーシティの定義を、今、どのように考えていますか。

山口　人として幸せに生きるために、自分らしく選択できるような状態が、ダイバーシティだと思います。人々の価値観や生き方が変わってきているにもかかわらず、会社がこれまでの概念や規定ルールにしばられて、アップデートされないと、そのひずみでいろんな人が困ってしまう。そこをどうやったら変えていけるのか。

もちろん仕組みの問題もありますが、一番はマネジメントのトップが、どれだけ真剣にダイバーシティを実現しようとしているかにかかっています。それぞれの人の生き方をもっと自由にしていくことで生産性を上げていくんだ、大きなパーパスに向かって一緒に頑張っていくんだ、そう心から信じていなければ、絶対に変わらない。働き方改革も一緒で、ただ服装を自由にしようとか、フリーアドレスにしようとか形だけやっても本質ではありません。

坂井　一人ひとりが活躍できるようにして、生産性を上げていくということですよね。僕は外から見ていると、大きい企業って社内のコミュニケーションのコストがものすごく高いような気がします。例えば会議が多すぎる。

山口　そのとおりです。当社も樋口（泰行氏）がカンパニー社長になって働き方やダイバーシティの改革を始めてから、マネジメント会議を半分に減らしました。その代わりＩＴ

ツールを使う。生産性の高い企業なら当たり前にやっているアップデートを、これまで続けてきたやり方にとらわれず、当たり前にやっています。

坂井　企業がデジタルをマーケティングに使ってきたのは、ほんの入り口で、基本的には企業全体、社会全体がデジタライズされているわけですよね。

山口　そうです。だからテクノロジーを自分たちが普段から使って、世の中の変化を追うように、企業も変わっていかなきゃいけない。最初に変わるのはコンシューマー、特に若者です。ただ、コンシューマーと接していない企業は変化に気づきにくいので、世の中に対するセンシティビティをどれだけ持ち続けられるかは、組織のリーダーによって差が出ます。なので、なるべく海外のいろんなマーケターに会うようにしています。

坂井　意外とみんな外に出て行かないですよね。上海なんてたった3時間で着くのに、自分の目で歩いて見に行こうとしないで、メディアが伝えるほんの一部の極端な情報しか知らない。

山口　坂井さんは重鎮なのに、いつも若い人に直接会いに外に出て行かれますよね。「ティーンエイジャーで面白い人がいるんだよ」っておっしゃっていたのを覚えています。

坂井　そう、16歳ね。彼らのほうが自分よりも偉い人だと思っているから。年寄りが偉かった時代はもう終わったんですよ。

山口　先輩が若手の相談役になるのではなく、若手が先輩にアドバイスする「リバース・メンタリング」があるように、若い人から世の中の変化を学んで、マインドセットをアップデートしていかなくちゃいけないんですよね。私も自分の子どもやその友達の高校生から、コミュニケーションの仕方だったり情報消費の仕方だったりを聞いて、「え、そうなの？」と思うことがたくさんあります。

坂井　これからは90年代後半以降に生まれたZ世代が出てきます。

山口　楽しみです。ただ超高齢社会の中で、若い世代との世代間格差は、課題になっていくでしょう。いろんなことをやりたい勢いのあるデジタルネイティブの世代と、トラディショナルなビジネスや良質なカルチャーを知っている大人の世代が、近づいていくと一番いいのですが。これって、坂井さんが実際にされていることですね。

坂井　深圳にいる25歳の友人は、700人のKOLをサポートする会社を経営していますよ。KOLというのは強力な影響力を持つインフルエンサーで、その人自体が媒体。だから700のメディアを持っているのと同じですね。KOLがライブ配信で商品を紹介したりすると市場が動く。すごい人だと、その人の影響力で1カ月に化粧品が30億円売れたりする。なぜそんなことができるかというと、中国では、国営放送のテレビはあまり見られていなくて、テレビCMは日本のように機能しないから。ネットやスマホのカルチャーがどんどん強くなっています。

山口　既存の仕組みがないと、新しいものは出てきやすいですね。広告主の立場からすると、メディア取引のスキームや透明性については、日本と世界のギャップを感じています。WFA（世界広告主連盟）が2014年に出した、主要国のメディア取引の透明性のランキングで、日本は下から2番目でした。私が携わってきたデジタルマーケティングにおいても、広告効果を不正に水増しするアドフラウドが問題視されて、グローバル企業を中心に業界を変えていこうとする動きがあります。メディア取引の分野も、既存のルールにとらわれずに、あるべき姿を探っていくチャレンジが必要なところです。

坂井　何を「世界標準」として目指していくか。アメリカなのか、中国なのか、エストニアなのか。それは時代とともに動いていきます。デジタルがものすごい勢いで浸透して変化の早い今の中国を見ていると、日本が「グローバルスタンダード」にならないことはハッキリしている。中国は、平均所得はまだ低いけれど、数十億のキャッシュを持った若者が山ほどいます。深圳の土地代も銀座並みなので、ボロアパートを持っている、草履をはいたおばちゃんが大金持ちだったり。

山口　私が学生時代にインプットした中国と今ではまったく違う。アップデートされた状態を把握できていないのは、一つは自分の目で見にいかなくちゃいけない、というのもありますが、もう一つはメディアが正しく状況を伝えているのか、ということもありますよね。

坂井　伝えてないですよ。メディアはストーリーとして面白い情報を選んでいますから。だから思考しないままにメディアの情報だけ見ていると、間違った理解のまま、洗脳されてしまう。

山口　一人ひとりのメディアリテラシーをどう高く保つかは、すごく重要です。入ってくる情報が、決してすべてではない、ということをどう見極めるか。そう考えていくと、今度はダイバーシティの大もとにある、どういう人を育てるか、教育のところに関心が行きます。

坂井　自分で考えて何かをつくれるようになるには、プログラミングや、デザインシンキングの教育がいります。いま面白い経営者ってプログラマー出身ですよね。

山口　日本でもようやく2020年から小学校でのプログラミング教育が必修化されま

すが、各国ではだいぶ前から始まっています。「プログラミングの勉強をもっとしたい」と考える子も増えてくるでしょうから、今度は学校の先生の側も、「だったらこういう学校もあるよね」と話ができるようにアップデートしていかないといけない。

坂井　美術大学も、デジタルがわかる先生がいないと、生徒は悲惨です。学校が時代に合わせてアップデートできないなら、親が自分で教えちゃうという考えもありますよね。僕の友達は、自分で家の中にスクールをつくって、自分が教えられることは全部教えるやり方をしていました。

山口　ホームスクーリングですね。私は、不登校などで学校以外での学びを選択した親子が、ホームスクーリングを実践しやすくなるようなプロジェクトを個人的にサポートしています。「学校じゃなくてもいいんだよ」「無意味な同調圧力の中で我慢しなくていいんだよ」というメッセージを伝えながら、子どもが興味を持っているものを深掘りしていく支援をしたいと思っています。

坂井　パナソニックは、ファミリーマートと組んで、流通のデジタル化をされていますよね。

山口　２０１９年４月からコンビニの店舗を運営して、実証実験をしているんですよ。現場がわからないとどんなテクノロジーが役立つかわからないので、それなら運営してみちゃおうと。

坂井　まずはやってみる、ということですよね。既存の仕組みから考えるのではなく、チャレンジの数を増やそうとしている。新しい。

山口　流通分野のソリューションで、私たちが世界で勝てることって何だろうと考えると、地道に現場で汗をかいて生まれるものじゃないかと意識してやっているんです。顔認証決済とか、欠品を検知して販売員をアシストするシステム、モバイルオーダーなどを試しています。

坂井　ロンドンなどだとセルフレジで、決済するのを見張っている人がいるだけのお店がいっぱいあります。中国も、顔認証決済の店とか、スマホでオーダーした商品をすぐ届けてくれる食品スーパーとか、オンラインとオフラインが一体になっていて、未来都市のようです。O2OからOMO（Online Merges with Offline）という言い方をしていますね。

山口　日本は人口が減っているし、店舗の無人化、自動化は必然の流れです。パナソニックでは、レストランの厨房の効率化も始めているんです。火鍋チェーン「海底撈」の北京のお店では、ロボットが、お客様の注文に合わせて、火鍋に入れる食材の載ったお皿をピックアップして並べています。中国は動きが早いので、一生懸命ついていっている感じです。

坂井　ロボットは、ハードをつくるのではなくて、アプリで勝負する考え方もありますよね。深圳のベンチャーがつくった「Dobot Magician」は、非常にシンプルなロボットアームだけれど、アプリケーションと先端部分のツールを変えることで、書道をさせたり、絵を描かせたり、商品を分類させたりできるから面白い。中国は、参考になるような企業がたくさんあるから、それを見ながらモデルを1回作り直して、どう近づけるかは後で考えるというのもいい方法かもしれない。

山口　未来の理想の形を描きつつ、今まで培ったノウハウを活かして日本企業が生き残るためのポジションって何なのでしょう。

坂井　今まで培ったものが制約になってしまう可能性もありますよね。でも、やらなくちゃいけない仕事もあるとすると、新しいものとのシナジーが生まれるものを選んでいくことになる。

山口　製造業でやってきた作業の効率化のところは、流通にも生きると思うんです。人がいっぱいいたころは、ロボットを使うまでもないと思っていた、人と機械とが交じり合っているところへのプロセス改善は、あまりやられてこなかったので。そこは生きる道かなと思って、いろいろとやり始めたところです。

坂井　例えばスーパーとか、コンビニだと、廃棄食材の問題は、データが整備されていけば、ゼロに近づくことは可能ですよね。

山口　データがつながっていないと、それぞれのプロセスで忖度していっぱいつくっちゃうんですよね。現場の最適解だけ探っているとバラバラになります。

坂井　他社とどうシナジーを生むかを考えていないと、データをつなごうという発想にならない。

山口　経営者が外を見て世界を見て、その上でどこに行けるかを考えないと組織は変わりませんね。そして新たなチャレンジをするとき、これまでの企業文化に凝り固まった組織だと、お客様から言われたことにビビッドに反応できません。なので、すべての肝となるのは、働いている人たちの意識を含めたカルチャーの改革だと思うんです。オープンに意見を交わして、世の中の変化に対する感度を高めて、変わろうという意識を持つ、経営者と社員の想いを合致させる。そのベースがあるから事業戦略も変わっていけるんだと思います。

坂井　極端に変化の早い中国のようなところと競争するんだから、変わらないと、という意識ですね。中国で、リーダーが30歳、大半の社員が20代のような若い会社を見ていても、ワークライフバランスなんてないですからね。俺たちは楽しくてやってるんだから帰りたくない、邪魔するな、と。働き方改革で電気を消されたら大変なことになりますよ。

山口　日本でワークライフバランスがなぜ問題になるかというと、みんな仕事をやらされてる感があるから。中国の若者たちは、仕事と自分の生きる楽しみや目的が一緒なんでしょうね。「ワークライフ・インテグレーション」という言い方もしますけれど、仕事が自分の人生の目的と一緒になっていれば、やっぱり頑張るし、最高のパフォーマンスを出しますよね。結局、やらされてる感を強烈に持たせている組織はダメになっていきます。

坂井　いま、社内で実際に取り組んでいるカルチャー改革の施策ってありますか。

山口　企業カルチャーを変えるのに大切なのは個人。個人のプロフェッショナリズムがとても大切だと言い続けています。カルチャー改革の中には、オープンな風土をつくるためのワークプレイスの改革、時間や場所の制約を超えたコミュニケーションをするためのICT利活用の促進、人事制度や業務プロセスの革新などがあって、ダイバーシティ推進もその一つなんです。私が入社して最初にやったことは、全員との1on1ミーティング。それぞれの人がどういう考え方を持っているのかを理解して、その上で組織の機能を決めて、外の人も入れていく。そうすると、長く会社にいる人もインスパイアされて、どんどん変わっていきます。そして組織長自身が、変われると心から信じて、行動や言動で示していく。そういう地道な作業を一生懸命やっています。

坂井　P&Gは部下の育成が社員評価の大きな割合を占めているそうですが、いかに部下を教えたかを評価に入れると、社員は部下や後輩の方を向きますよね。そうじゃないと、上司しか見ない。

山口　部下や後輩からの評価もきちんと見ていかないといけないですね。そのためには

1on1ミーティングをするのも重要で、話すことでいろんな情報が入ってきます。上の人に自分の意見や考えを言ってもいいんだという文化も生まれやすくなりますね。当社は社長室を廃止して、樋口も私もオープンスペースに席を設けています。かつては、トップに話をしに行こうと思ったら、それなりの資料をつくって、秘書の人にアポを取ってという手続きが必要でしたから。私も、話しやすい雰囲気をつくっておくことを心がけています。そうでないとみんなが話しかけて来ないので。敢えて自分から話しかけることもありますし、「ちょっと今、いいですか」「もちろん」という感じで、何かを決めたり、すりあわせたり、話を広げられるようにするのが理想です。中途半端な状態でもいいから、とりあえず相談してねと。スピード感のあるカルチャーにすることが大切。

それから、バッドニュースファースト。悪いことを言われたら、「ありがとうと言おう」と話しているぐらいです。課題をディスカッションしないと成長がない。でも、日本のカルチャーでは、そもそも問題点を指摘すると、誰かが傷ついてしまうかもしれないと考えがちです。

坂井 「課題」という風に見ないわけですね。

山口 そうすると議論しなくなる。それってよくないですよね。だから否定されているわけじゃなくて改善のために議論するんだというマインドを持って、問題点を指摘されることに慣れなきゃいけない。マルチカルチャーの人達が集まったときに重要なことは、課題があったときに自分なりにどう捉えたか、自分の意見を持つこと、「こう考えている」と外に向かって発信すること、そして他人の意見もリスペクトすることです。人と意見が合っていても、違っていてもそれでいい。

そういうコミュニケーションができるというのは当たり前のことですが、日本のように、同調圧力がすごく強いカルチャーの中にいると、こうしたマインドが育ちにくい。子どもの頃から「みんな聞きなさい」「これが正しいんですよ」といった感じで先生に言われると、自分の意見を言いたくても「間違えていたらどうしよう」となってしまうんです。ところが海外に出ると「それは間違ってるでしょ」と思うようなことも、自信ありげに堂々と言う姿を目の当たりにします。まったく躊躇なく言う。強いですよね。

坂井　やはり教育の問題にたどり着きますね。自分で考えられる力を身につけられるよう鍛えていく。

山口　今、ビジネスの正解がない時代だと思っているんです。ビジネスのルールよりも、世の中をよくするためにこういうことをやりたいという、誰もが否定しないパーパスに向かって、事業や組織を位置づけるのが最先端のやり方。自分がいいと思ってもいないことをやらされるのは、楽しくないしパフォーマンスが落ちるのは当たり前です。カルチャーを変えていくのは大変なことですが、まずオープンに意見を交わして、異なる意見を尊重するところから始めていきたいと思います。

坂井　同調圧力に屈せずに、大きな変革を生み出してください。

（2019年4月収録）

多様性がないところにイノベーションは起きない

山口さんは、風土を変えようという強い情熱を持った人。女性リーダーとして、自らダイバーシティを実践されています。

多様な人材を積極的に活用するダイバーシティは、そもそも、なぜ必要なのでしょうか？

僕はこう考えています。多様性がないところにイノベーションは起きない。つまり大事なのは、イノベーションを起こすことです。新しい価値を生み出し、社会に大きな革新をもたらしたいなら、異なる文化、考え方を持つ人たちが集まる、個性あふれる風土がいるのです。歴史を振り返ってみても、男女の不平等とか、肌の色の違いなどに抗い、多様な価値観が入り混じることで、革新的なカルチャーやビジネスが生まれてきました。

ただ、多様性と言葉でいうのは簡単ですけれど、「うちの会社も明日から社内の公用語を英語にします」といきなり宣言したところで、現場が混乱するのは目に見えています。化学反応が起こるような風土をつくるには、生産性がいったんは落ちるというマイナスの側面もあることを覚悟しておかないといけません。一定期間の混乱をクリアするまでの我慢強さがいります。

それでもダイバーシティは、企業に長期的な活力を与えてくれるものです。イノベーションを起こしたい、と心から願うなら、多少ネガティブな問題があって、傷だらけになったとしても、ガンガン多様性を進めていけばいいと思います。

僕がダイバーシティに関心を持つようになったのは、日本があまりにも均一で特殊な社会であることに、まずいな、と危機感を抱いていたからです。サービスやデザイン開発をするとき、異なる国籍や年齢、価値観、スキルを持つメンバーを集める、ダイバーシティ・デザインにも取り組んできました。多様な人たちが集まって一緒に行動することになったとき必要なのは、ほかの意見を尊重しながら自分の考えを持つこと。そして自身の強みを知っておくことです。

今日本には、デジタル・テクノロジーやデータに強い人材が圧倒的に足りていません。企業がデジタル人材の育成に投資していく動きもあって、ダイキン工業では、企業内大学を設立し、新入社員は2年間、AIやIoTについて学ぶことに専念しています。

僕はプログラミングやデザインシンキングなどを学べるSTEAM教育を子ども向けに行うスクールの立ち上げに理事としてかかわっていて、グローバルな社会に役立つスキルを身につけられる場をつくろうとしています。プログラミングは、世界共通のスキルです。プログラマー同士は、言語や文化が異なっても、プログラムを見せれば、その意図を伝えることができます。役に立つスキルが身につけば、本人も面白いし、どこに行っても活躍できる。社会も潤い、いい循環が生まれます。

思い返せば、僕が子どもの頃、周りには本当に日本人しかいませんでしたが、今やボーダレスに情報が得られます。国内外問わず、もっと自由に、どんな場所なら自分のスキルや強みを活かせるか？という視点で働く国やまちを選ぶのもいいでしょう。僕のもとで働いていたスタッフは、ドイツのベルリンを選びました。「アーティストビザ」と言われる特殊なビザをもらえて住みやすく、物価も安いベルリンは、多国籍のアーティストやフリーランスの人が集まるまちです。デジタルでの表現活動をする人たちも訪れています。あなた自身もダイバーシティを生み出す一員になって、社会のありかたを変えるイノベーションを起こしてください。

対談 7

中川政七 × 坂井直樹

中川政七商店 代表取締役会長

第7回は、中川政七商店の会長・中川政七さんとの対談です。創業300年の歴史がある麻織物の老舗で、日本初の、工芸をベースにしたSPA業態を確立させ、各地の工芸メーカーの経営コンサルティングも行ってきた中川さん。工芸の未来や、継続する企業のビジョンについて語り合います。

中川政七
中川政七商店 代表取締役会長

1974年奈良県生まれ。京都大学法学部卒業。2002年に中川政七商店に入社し、2008年代表取締役社長に就任。業界初のSPAモデルを構築。「中川政七商店」「遊 中川」「日本市」など、工芸品をベースにした雑貨の自社ブランドを確立し、全国に50以上の直営店（2020年3月時点）を展開。また、2009年より業界特化型の経営コンサルティング事業を開始し、日本各地の企業の経営再建に尽力。2016年11月、同社創業300周年を機に十三代中川政七を襲名。2017年には全国の工芸産地の存続を目的に「産地の一番星」が集う「日本工芸産地協会」を発足させる。2018年より会長職。

３００年の老舗が見据える、ものづくりと事業のありかたとは？

工芸と工業が混じりあったところにある、心地よさ

坂井　中川政七商店さんは、伝統のある会社ながら今もメディアで頻繁に取り上げられています。その理由は何だと思われますか？

中川　かつては工芸メーカーのコンサルティング事業が注目されていたので、外からの見え方は、「立て直している会社」だったのですが、最近は、「ビジョンに基づく経営が上手くいっている会社」という視点で取材を受けることが増えました。

坂井　ビジョンドリブン経営ですか。

中川　はい。商品コンセプトや、ブランドコンセプトのエッジが効いていて、売れている企業でも、その上にある「会社のビジョンって何か？」といったら、生活者はもう思い出せないんです。よく読むとビジョンにいいことは書いてあるんですけれど、商品やブランドに結び付いていないことが多い。ビジョンとすべての事業がつながっていること。これ

はとても大切です。さらにはビジョンに立ち返ることで、いろんな事業アイデアも生まれてくるはずです。

会社のビジョンに必要なものは3つあります。1つ目はパッション。そもそもパッションがないとビジョンは生まれません。2つ目はロジック。ビジョンがあっても、事業につながるようにきれいに体系立っていないといけない。一方で商売だから、勝たなくてはいけません。ですから3つ目はストラテジーです。3つそろわないと、いいビジョンを掲げたところで、ワークしません。言っているだけで、やっていることが違う、という話になります。おかげさまで僕らが事業を継続してこられた最大の理由は、「日本の工芸を元気にする！」というビジョンが定まっていることと、そこに向けて愚直にやってきたことだと思うんですね。逆にビジョンにつながらないことは、基本的にはやりません。

坂井　中川さんのお店には暮らしに合わせてアップデートされた商品がいっぱいあると思いますけれど、工芸品って、いまだに国によって色とか形とか、共通するイメージもあるように思います。中国の工芸品だったら、赤とか金とか、龍みたいな文字しか出てこなくて、急にお土産屋っぽくなったりして。一方で、京都のようなエリアのブランドの展開もありますね。京野菜とか、京あめとか。何でも「京」をつけるのは、僕はインチキっぽい気がしてしょうがないのだけれど。

中川　日本だと、京都や銀座のようなところは、場所としてのブランドイメージができあがっています。僕らは奈良なので、奈良と京都って並べられることが多いです、東京からは。ところが関西では、並べられることすらない。僕らは京都みたいになりたいわけではないですし、そもそも差が開きすぎているのです。京都はクローズドな文化で、お座敷のような秘めたることに対するよさがあると思います。対して、奈良は、都があった飛鳥時代のような頃から育ってきたおおらかでオープンな文化だったと思うんです。現在だけ見ていると、あまり感じとりにくいですけれど。奈良はオープンな文化を広げていけるといい。

坂井　京都に行くと、建物が建ちすぎて、ごみごみしているのが気になります。町家がカフェになったりして。街が壊れていく方向です。

中川　奈良も群で街がしっかり残っているというのは少なくて点在しています。

坂井　京都が開発されつくしてきた中で、中川さんのような奈良を象徴している会社が、注目を浴びるようになった印象を僕は抱いています。中川さんの会社を通して、奈良を見ているようなところがあるんじゃないかと。

中川　自分たちでは意識してないですが、「奈良発」を打ち出して、東京で商売しているところは、あまりないですから。

坂井　街を象徴する会社、というのは、古くからずっとあって変わらないことではなくて、大自然の中に、一部人工的なものが入ることによって親しみやすくなるリゾート地のように、手を加えながら、ということなのですが。タイ・プーケット島のホテル、アマンプリなんかもそうです。

中川　小さい規模でいうと、東洋文化研究者のアレックス・カーさんがされている、古民家再生の取り組みも、古くからあるものを活かそうとしています。

坂井 そうですね。古民家や旅館、カフェなんかが連結していくと街が面白くなるでしょうね。

中川 僕らが思ういい店、いい宿が増えていくようになると、街らしさが形づくられていくと思います。ただ、それにはまだまだ密度が足りない。

坂井 伝統とか工芸とかも、昔のままが素敵なのかといったら、そうでもないですからね。

中川 そう思います。何を残して何を変えるのか、その選択に正解はないと思うんです。自分がどちらの方を正しいと思うか。美しいと思うか。その価値観こそがブランドそのものであって、それが結果的に支持されるか支持されないかはあるにせよ、価値観に優劣はありません。ただ、僕みたいにそこに暮らしている人間が思う「いい店」が増えてくれたらもちろん嬉しいですし、それが結果、人を呼ぶことになるんじゃないかなと思います。

自分たちの生活を起点に、どうやったら楽しい「いい街」になるかを考えていったら、結果、観光客がついてくると考えています。

坂井 プロダクトデザイナーの柳宗理さんは、民芸運動の指導者だったお父さんの影響で、民芸家具をつくっていた時期があったと聞きます。民芸と工芸は少し違うけれど、柳さんが活躍した頃は、工業と工芸が入り混じった時代だったなと。

中川 入り混じったところに、未来のものづくりがあるのではないかとも思っています。先日、プロダクトデザイナーの鈴木啓太さんがデザインした「ＴＨＥ」のカトラリーを見た時に、「工芸っぽい」と感じたんです。昔って当然、職人さんが手でカトラリーをつくっているから、それらしい形がありましたが、工業としてつくるようになってから、板材をプレスで抜いたあと、ちょっと曲げたりしてカトラリーがつくられるようになります。

だから、「板であること」に慣れすぎているのですけれど、鈴木さんのカトラリーは、板ではない。高精度な３Ｄプリンターを駆使してデザインをつくっているから、技術進化の先にあるわけですが、出てきたものを見てみると、工芸っぽい。細かい仕上げは人手が入っています。一周回って、結果、人の手仕事に近づいている。工芸的なものづくりと工業的なものづくりが混ざって、心地よいと思えたんですよね。未来のものづくりを示唆しているような気がしました。鈴木さんの作品からは常にそういう香りがしますね。

坂井　新しい技術がなかったら、生み出されなかったものですね。プロダクトデザイナーのマーク・ニューソンがつくった曲線の美しい木製の椅子で、板を折り曲げることでつくったものがあります。工芸的ですが、工業製品です。でも50年前にはできなかったはずなんです。彼のいたシドニーには、サーフボードのメーカーが結構多くて、メーカーが木を完璧に曲げて固定する技術をつくってきたから独特の形の椅子が生まれました。

中川　まさにそういうことです。進化した技術によって、工芸的なものと工業的なものが混ざり合う。

坂井　クリエイターの側にも模索がありますね。古いものと新しいものを融合させてつくっている人の割合はどのくらい？

中川　古いものをやっている人は、新しいものには興味を示しません。むしろ新しいものをやっている人が伝統を取り入れる、という方が多い。僕らは、工芸の現場を見て、この部分は割と機械化されている、ここはまだ人がやっているという濃淡を見るようにしています。

坂井　フランス人って日本の工芸みたいなものが好きですよね。

中川　当社のウェブメディア「さんち〜工芸と探訪〜」で連載してもらった、フランス人アーティストのフィリップ・ワイズベッカーさんには、郷土玩具のつくり手を訪ねて日本を回ってもらい、エッセイとイラストを描いてもらって本もつくったんです。日本は手仕事がまた残っている方だから面白いと言っていましたね。もちろん彼が郷土玩具を全部いいと言うかといえば、そうでもなくて、まったく興味がないものもある。結局、手仕事だからいいのではなくて、手仕事にいいものがあるということなんですよね。

14代社長は中川家以外の人に継いだ

坂井　中川さんは、会社の業態を製造卸から、工芸をベースとした製造小売に転換されて、かなり大きな決断をされたと思いますが、どんな思いがあったのですか。

中川　僕らが製造的な能力で、ほかを圧倒できるものって何一つないんです。どうやってこの先戦っていくのかを考えたら、ものづくりだけで勝つ道はほぼないと思っていました。じゃあ何で勝ち負けが決まるのかと言うと、価格とデザインでだいたい決まる。日本でつくっていたら価格で勝負する道はないから、デザインで勝負するしかない。

けれど、デザインだけで勝負するのも危なっかしくてやっていられないなと思ったんです。僕はデザイナーではありませんから、経営者として中長期的にどうやって会社を存続させるかといったときに、デザインのゼロからの勝負をやるのではなくて、最初からうちはちょっと高いところにいる状況をどうやってつくるかを考えました。

それが、今思えば、ブランディングでした。その高い状況をどうやってつくるかと言ったら、やっぱりお客さんにちゃんと認知してもらわなきゃいけない。認知されてブランディングができている状態まで行くためには、百貨店で売ってもらうだけでなく、自分たちで店をやるしかない。そこにあまり迷いはなくて、それしか生き残る道がなかったから進んで行ったという感じです。

ブランディングが必要だと気づいたときに、書店で、いい本がないかな、と思って見つけたのが、坂井さんが書かれた『エモーショナル・プログラムバイブル』でした。その本を読みながら、すでにあるブランドを分析して、新ブランド「粋更 kisara」をつくりました。

坂井　そのあたりがきっかけになって、中川さんとのお付き合いが始まったんですよね。中川さんと話していると、ベースは左脳的にお考えになるけれど、感覚的な部分も持ち合わされている方だなと思います。中川さんは、日本の工芸の将来について、大きなビジョンをどう考えていますか。

中川　工芸の衰退は、世界中で起きています。もし日本がここで踏みとどまることができたら、非常に希有なことになります。１００年後も、工芸大国ニッポンみたいに言われるかもしれない。それが目標だなと思いますし、世界でも工芸なるものを何とか残そうという動きがあります。

坂井　デンマークとかね。

中川　そうです。今度、台湾政府の案件で、あるメーカーを立て直す取り組みを始めます。僕らのノウハウを海外に役立てることは前からしたかったことなんです。工芸は土地性が高いので、日本の工芸を海外にバンバン売ろうとは思っていません。むしろ、その土地その土地の工芸的なものを再生して、ある一定量は残すというのが、僕らがもし世界に出るならやるべきことだと思っています。台湾はそういう形になりそうです。成功するかどうかはこれからの勝負ですけれど。

坂井　エリアを問わず、ノウハウは活かせる、つながっているということですね。

中川　極論すると、世界がどこまでもフラットになっていたら、ものを動かすことのムダが出てきます。そうなると、その土地でつくって、その土地のものを食べることに戻ってくるはずです。工芸的なものは、本来はその土地にあるべきだと考えています。もちろんどこかでかためてつくって世界中に撒くという、工業のほうにいく話もあると思うのですが、工業に工芸的な雰囲気を残すことと、その土地でつくって使うことは似て非なるもの。両方とも必要ですしどちらも否定はしません。

坂井　それを聞いて思い出したのは、彫刻家の流政之さん。高松のアトリエ近くで採れる庵治石を使って作品をつくっていました。地域と密着して、材料に近づいていってつくるという発想が面白いなと思います。

中川　確かにこれだけ物流が発達すると、よそから材料を持って来るってことはできるんですけど、工芸にとっては土地性がすごく大切だなと思います。僕らは生産機能を持った小売なので、アパレルでいうユニクロさんのようなＳＰＡ（製造小売）モデルです。当初は、製造から販売まで行って、大量にものをつくるようになれば、材料も安く仕入れられると思っていました。

ですが、工芸はそんなことはぜんぜん起こらないんです。100個つくっているところに1000個にしてとお願いしても、製造キャパシティ的に無理だと断わられるケースが多い。1000個つくりたかったら、100個つくれるところを10軒探さなきゃいけない。これが至難の業で、来年にはつくれるところが減っていることもあるし、供給がものすごく難しいんですよね。なので、新しいかっこいいお店がオープンしても、最初はいろんな作家さんのものとか並んでいてすごくいいんだけど、1年したら供給が難しくなって欠品が相次いでしまう。そういう部分をコンサルティングしながら見てきました。

坂井　社長から会長になられた今も、コンサルは継続されているんですか。

中川　コンサルだけは相変わらずやっています。

坂井　僕の知り合いが、今度LAで開くカフェのために信楽でコーヒーカップを焼いてもらっています。これがなかなかいいんですよ。スターバックスなんかに対して、クラフト的ですよね。

中川　ブルーボトルコーヒーのような後発の店に、クラフト感はありますね。スターバックスはスターバックスで好きだし、両方嫌いじゃない。

坂井　中川さんはビジネスマンとしてのニュートラルさがあるんじゃないでしょうか。クリエイターは、なかなかそうはいかないですから。経営者として、社員向けの取り組みでされていることはありますか？　ご自身が前の会社を辞めて、家業に入られるときに、働き方についても考えたのでは。

中川　あまり慣習やしがらみにとらわれていませんし、ゼロベースで考えたいほうなので、例えばネクタイをしていないとか、社長室がないとか、そういう意味ではフラットにやっているかもしれませんね。役員の構成も半分が女性です。

坂井　ダイバーシティですか？

中川　いえ、たまたまそうなっているだけの話なんです。会社の中で、例えばこのテーブルが好きという人が10人中2人より9人いたほうがいいし、そういった価値観のすりあわせは少ないほうが進めやすい。働く人に持っていてほしい価値観として、「正しくあること」「誠実であること」などを示した「こころば」をつくったのも、会社としての価値観の宣言だったと思います。会社として、仕事に対してこういう風に思っている、こういう価値観を持っている、ということがわかったほうが、価値観を共有している人にとっては働きやすいだろうなとは思います。

坂井　中川さんから、千石あやさんが社長を継いでから、同族経営ではなくなりました。

中川　僕が入社した当時から、中川家ではない人に社長を継いでもらう、ということは言っていました。自分の子どもが、経営が得意だったらいいですけれどわからないですし、子どもが育つまで踏ん張るのも嫌だったので。ただ地方の中小企業って、覚悟や能力を持って「私がやります」と言ってくれる人があまりいない。

坂井　ディフェンシブですよね。

中川　それに中小企業は、借金がある場合、社長に個人資産がないと、銀行がお金を貸してくれないという問題があった。中川政七商店はそうした問題を運よくクリアできたので、社長を千石に譲って代替わりできたんですけれど。中川政七商店は、かつては中川家のための会社だったと思いますが、今はビジョンのための中川政七商店なので、社長であろうが誰であろうが、僕らがつかえているのはビジョンです。「日本の工芸を元気にする！」という。もしこれが中川家の財産を膨らますためにすべてがあるんなら、ほかの人がやるっていうのは不思議議なことになります。

坂井　ビジョンがキープできて、進化していけばそれでいいと。

中川　そうです。社長交代して1年（当時）経ったのですが、僕は辞めてよかったなと。

辞めたからこその進化がありました。

坂井　あらためて、工芸とは何かを定義すると？

中川　生活に必要な道具を手でつくるというのが工芸だと思っています。「手だけ」でつくるのではなくて、「手でも」つくるってことですね。１００％機械ではない。それがどの割合かはものによっても時代によっても多少変わるとは思うんですけど。産地というのは実はそんなに歴史は古くなくて、江戸時代以降なんですよね。要は人が集まる場所が出て来て、その近くで大量につくってこっちに持っていって売ったら、儲かるとなったから、産地が形成された。それまでは焼き物も漆も、全国あちこちでつくっていたわけです。商売につながるかどうかの話は割と近代なんです。大昔はそれで商売はしていなかった。

坂井　中川政七商店さんが扱ってきた麻というのは、ある程度、特殊性を持った商品でしたよね。

中川　そうですね。

坂井　横綱の綱だったり、あとは神道のほうですね。

中川　江戸時代にさかのぼると、御用品指定があったりして、麻織物メーカーがバブルだった時代もあるんですよ。伊勢神宮さんとは、今もお付き合いがあります。

坂井　最近できた企業にはない、そういうルーツが面白いよね。

中川　神社に記録が残っていて、うちのおじいちゃんが反物の納期が遅れるときに、神宮に手紙を送っているわけですよ。その手紙には、反物の耳をネズミにかじられたから、またやり直さなきゃいけなくて納期が遅れますっていう、うそか本当かわからない言い訳の文章とか。３００周年のとき、春日大社につり灯籠を奉納させてもらったら「お久しぶりですね」と言われました。１７４９年に石灯籠を奉納しているんです。僕はまったく知らなくて、いつも通る参道を見たら、うっすら中川政七って書いてありました。そういうのは、鳥肌が立ちます。

坂井　歴史ある会社だからこそ、舵を切るには明確なビジョンがいりますね。

（2019年4月収録）

日本の工芸を絶やさない、大きなミッションに挑む

中川さんには、日本の工芸を元気に将来に引き継いでいく、という大きな使命感があって、「ビジョンにつながらないことはやらない」というビジョン型の経営をしています。ビジネスですから、もちろん利益は出さないといけないわけですが、それとは別に「こういう社会をつくりたい」ということを強烈に持っているところが素晴らしい。伝統工芸のように、放っておいたらなくなってしまうものに活力を与えるというのは相当な腕力がいるに違いありません。

日本とは何なのか。その一つは、工芸品に表れているといっても過言ではないでしょう。根付いてきたライフスタイルも見えますし、日本の美意識も存在している。繊細な素材感だとか、肌触りとかも含まれています。

中川さんは頭のいいマーケターで、通常、経営とデザインは分離されてしまうことも多いけれど、中川さんの中ではそこが整理されているのだろうと思います。経営者自身が、デザインの価値を経営資源の一つとして理解していると、強いブランドをつくっていくことにつながります。

中川政七商店は、奈良に本社があり、そのことをブランドとして活用しているのもいいですね。羽田空港にも工芸品を多く扱う店を出されています。

北京や深圳に行くと、中川さんとは対照的な考えを持つ経営者たちに出会います。経済が急成長しているので、巨大企業でも「まだ創業からそれしか経っていないの？」と驚かされるのですが、僕が会ってきた中国の30代前後の経営者たちは「会社なんて、株と同じように、一番いいときに売って儲けたほうがいいじゃない」という考えを持っています。これまで培ってきたノウハウを活かそうとか、ブランドを守っていこうといった執着のようなものは見られなくて、どうやったらお金が儲かるかという方程式で考えて、昨日までうなぎ屋だったのに、「電子部品が売れるから、明日から電子部品の会社になります」というぐらいの転換を、躊躇なくあっさりと起こすのです。経営者もジェネラリストで「専門性が必要なら、詳しい誰かと組んで、専門性は買ってビジネスをすればいい」という発想です。もちろん日本の企業でも、大儲けをして資金があるからという理由で、家業とはまったく異なる事業を始めて大企業に成長した例が見られます。経済成長のフェーズや企業の成長ステージによって、経営者が事業で目指すことや志も変わってくるということです。

対談 8

坂井直樹 × 田中仁

ジンズホールディングス代表取締役 CEO

第8回は、ジンズホールディングス代表取締役CEO田中仁さんです。既存の商習慣にとらわれずメガネ市場にSPAを導入し、超軽量メガネや、パソコンやスマートフォンなどデジタル機器から発せられるブルーライトから目を守るメガネほか、新発想の商品や事業を生み出してきた田中さんと語り合います。

田中仁

ジンズホールディングス代表取締役CEO
一般財団法人田中仁財団代表理事

1963年群馬県生まれ。1988年ジェイアイエヌ（現　株式会社ジンズホールディングス）を設立し、2001年アイウエア事業「JINS」を開始。2013年東京証券取引所第一部に上場。2014年群馬県の地域活性化支援のため「田中仁財団」を設立し、起業家支援プロジェクト「群馬イノベーションアワード」や「群馬イノベーションスクール」を開始。現在は前橋市中心街の活性化にも携わる。2014年慶應義塾大学大学院政策・メディア研究科修士課程修了。

視界が開け、アイデアがわくようになったきっかけとは？

坂井　集中度を計測できるメガネ型のウェアラブルデバイスを出されていますね。

田中　「JINS MEME」といいまして、メガネに搭載したJINSオリジナルの3点式眼電位センサーで集中や緊張、リラックスの状態がわかるのです。

坂井　田中さんのようなテクノロジーを使ったチャレンジって、これまでメガネではあまりされてこなかったように思うのだけれど、どうしてなんでしょうか。

田中　それまでのメガネ店はブランド品を仕入れ、視力測定の結果にあわせてレンズと売るという小売りのビジネスモデルで成り立ってきました。メガネ1本3万円、受け取りが1週間後というのが当たり前。自社で研究開発して売るという概念が、そもそもなかったように思います。

坂井　メガネはファッションでもあるから、ブランドで売ってきたネクタイみたいなものに近いのかもしれないですね。時計は、ある段階までテクノロジーを詰めていた時代がありますけれど、メガネはそういう発想にならなかったのは不思議です。そんな中、ＪＩＮＳは、ＡＩを取り入れたりして、新しい試みをされています。

田中　積極的にメガネにテクノロジーを取り入れようと試みてきた点では、当社はテクノロジー会社と言えるかもしれませんね。当社はＳＰＡ（製造小売り）の中でも、研究開発型ＳＰＡだと思っています。当時のメガネは高額品で、売り買いの主導権がメガネ店側にありました。それを民主化しなければいけない。そういう思いが、ＪＩＮＳを始めたときにありました。消費者目線で商品を提供するためには、ＳＰＡが必要だったのです。

坂井　高機能、低価格の商品を開発、販売されて、今や販売本数は業界首位。その要因は何だと思いますか。

田中　自分たちのなりたい姿や、提供したいサービスを明確に描けるようになったから、首位になれたのだと思います。明確にビジョンを掲げる会社は実は少ないという話を聞きます。あるアナリストによると、上場企業4000社のうち、ビジョンを本当に自分たちの事業に落とし込んで、社長がそれを信じていると言える企業は20社あるかないかだと言っていました。念ずれば叶うと言いますが、人も組織も、自分の思いに合わせた行動をしていくものです。

坂井　堀江貴文さんが『ハッタリの流儀』という本を出されていたけど、ハッタリでも発信しておくと、自分がそこに近づいていくという考え方が面白いなと。

田中　社長にはハッタリが必要なときがあることは、私も同感です。

坂井　実現したいことを吹聴しておくんですね。田中さんは、ヒットよりもホームラン、フルスイングだというお話もされますね。

田中　振り切ることが重要なのだと思っています。当てに行こうとすると手堅い勝負になっていきがちで、当たったところで、学びは多くないのです。一方で、振り切るとそもそも気持ちがいいですし、成功しても失敗しても何らかの学びがあるのです。

坂井　失敗も大事なんだよね。業績が落ち込んだとき、ユニクロの柳井さんと話されたとか。

田中　当時私は今以上に未熟な人間でしたので、確固とした生き方、仕事の仕方をされている柳井さんとお会いして圧倒されました。その時、ビジョンのない会社は絶対に成功しない、と言われたことをきっかけに、２００９年に「メガネをかけるすべての人に、よく見える×よく魅せるメガネを、市場最低・最適価格で、新機能・新デザインを継続的に提供する」というビジョンを打ち立てたとき、それまで曇っていた視界がすっと開けました。

ＰＣ用のメガネなど、アイデアがどんどん出てきて、当時はまだ売上百数十億でしたが、恐れがなくなりました。２０１４年からは「Magnify Life」というビジョンを掲げています。

人々の人生を拡大する、という意味なのですが、常にメガネのその先を考えるようにしています。

坂井　言葉にすることに意味があるんですね。

田中　会社の売上利益をあげることだけを考えていても、ビジョンは生まれません。むしろビジョンづくりは自分の存在意義を問う作業なのです。だから、苦しい。うまくいっているときではなく、ピンチになったときに初めて真剣に向き合えるものなのかもしれません。

坂井　ピンチはチャンスだと。

田中　はい。結果を出す人、成功する人を見ていると、実行力があるということもわかりました。

坂井　ＪＩＮＳは、高機能かつ低価格の商品で、日本のメガネ産業を変えてきたと思いますが、この30年間、日本では、なかなかダイナミックに新しい産業が出てきていません。

田中　自ら新しいものをつくり出すよりも、真似して改善していくことのほうが得意なのでしょうね。それでも日本はある程度のマーケットがあるからこれまでやってこられたところがあります。

坂井　ディフェンスに回ると、会社も面白くないね。

田中　信用金庫に勤めていた時代に、いろいろな会社を見て思ったことは、守りに入って守り切れた会社はないのです。守りに入ると弱いことがよくわかりました。借金が多く、潰れるかもしれないような会社も、社長が元気でやる気でいると、業績が回復することが多かったのです。

坂井　田中さんは、結構、メンタルの話をされますよね。もっとストラテジーの話になるのかと思っていました。

田中　ストラテジーも、どんなメンタルを持っているかにかかってくると思っているのです。もし、世界で売上とか利益でナンバーワンになろう、というメンタリティーだったら、コストを下げて、店舗を拡大するというストラテジーになりますし、アパレルや食品スーパーで勝っている会社の真似をする方が早いです。しかし当社は、新しい製品やサービスによって、世の中を変えたいと思っているので違う戦略をとる。根っこはすべて、精神だと思うのです。メンタリティーを重視していなかったら、ＰＣ用メガネなどは始めていなかったと思います。

メガネから集中できるワークスペース事業が生まれた

坂井　僕自身もメガネが好きで、ずいぶんたくさん持ってますけど、ＪＩＮＳのメガネを初めて買ったのはＰＣ用のメガネでした。出て来たときにすぐ買いました。そんな風に人のブランド意識とかを思い切り変えるっていうのはすごいことですね。

田中　どこかと競争するよりも、自分たちの違いを明確にして、それを製品やサービスに落とし込むほうが強いと思うのです。安くモノをつくって競争に勝とうとすると同業他社と価格競争になってしまいますから、それよりも、ほかにはない製品をどう出していくかを常に考えています。その違いを見つけるのに大切なのは、やはりその人が、その会社が何を成し遂げたいかなのですよね。

坂井　値段の勝負は限界がないですからね。まばたきの動きからメガネをかけている人の健康状態を把握するなど、メガネを情報端末にしようとする事業も推進されていますね。

メガネに搭載したセンサーで集中や緊張、リラックス状態がわかる「JINS MEME」。

田中　メガネの今のビジネスモデルは、原価と販売単価があり、その差額が粗利で、販管費を引いて利益を出します。洋服と一緒です。でも本当にそれだけなのだろうか、と。メガネを情報端末にすれば、そこからサービスが生まれます。メガネから得られるサービスを購入できるようにすれば、極端な話、メガネ自体で儲けなくてもいいかもしれない。すると、まったく違うビジネスモデルが生まれるのです。

しかし、これまでのようにただ視力矯正するサービスだけではそうならないので、サービスを生み出すIoTである必要があります。そこで、心や体の状態を測るアイウエア「JINS MEME」が生まれたのですが、そこから「Think Lab」という集中できるワークスペースのサービスも派生しました。

坂井　集中するのに最適な空間づくりのほうに行ったわけですね。

集中できるワークスペースを追求した「Think Lab」。

田中　光や音、香り、緑といった要素を科学的根拠に基づいて整えて、集中状態をマネージメントした空間です。会員制で貸し出すワークスペースの開設だけでなく、経済産業省をはじめ、様々な企業のオフィス内にも導入していただいています。「Think Lab」で働いた場合と、普通のオフィスで働いた場合で、集中力にどのくらい差があるか計測しており、効果が実証されています。

坂井　生産性を高めるには集中できる環境がいりますね。

田中　「Think Lab」で重視しているのは五感を刺激するということと、一人になれる環境をつくることですね。人間は一人で考える時間が大切なのです。JINSの本社オフィスは2015年に日経ニューオフィス賞の最高峰である経済産業大臣賞をいただいたのです。毎日、多くの方々が見学に来ました。ところが「JINS MEME」で調べてみたら、社員はオフィスではまったく集中できていなかったのです。

ビッグデータで見ても、図書館や新幹線の中、ホテルのロビー、喫茶店といったところと比べてオフィスは集中度が低い。自分の経験から言っても、お風呂や、トイレ、車の中といった、一人でいる時にアイデアが割と出やすい。しかも何かしら五感が刺激されています。

坂井　メモを取るような状況ではないですね。

田中　人は集中するまでに平均23分かかるのですが、オフィスにいると、10分に1回くらい、同僚から「ちょっといいですか」と声をかけられたり、電話がかかってきたり、SMSが届いたりして、集中が途切れてしまいます。それならば、「JINS MEME」で集中を計測できる当社が、集中できる環境をつくってみましょうと。言うなれば、書斎や、離れに近い感覚です。

坂井　もうメガネ屋さんとは言えなくなりますね。メガネは発明から700年経って、日本では1500年代にザビエルが持ってきたそうですが、100年先の未来にメガネはどうなっているのでしょうか。

田中　メガネは視力補正用具ではなくて、まったく違うデバイスになっているでしょうね。視力は目薬で回復するなど、メガネの役割が変わり、視力矯正器具としては必要なくなると思います。

坂井　なるほど。肌をきれいにする方法も、化粧品だけでなく錠剤を飲むとか、いろんな方法が進んでいるように、視力矯正はメガネでなくてもいいわけだ。

田中　メガネに限らず、これから、20～30年は、あらゆる産業が生き残るのに大変な時代になると思います。

坂井　産業が切り替わって行きますよね。自動車産業も車だけでなく、移動を伴うサービスを売ろうとしています。

田中　車がなくても移動したり、空を飛んだり。

坂井　そう難しくないでしょうね。二次元の地図上を走ってたのが、三次元の空間にいくとなると、ますます産業は変わっていきそうです。エネルギーのありかたも変わるでしょうね。電気飛行機も開発されましたし。アバターを使った瞬間移動という考え方が出てきているのも興味深いと思っていて、ANAでは、遠隔操作で動く現地の「アバター」と自分の感覚をつないで、自分がその場にいなくても、移動先での体験ができる試みをしています。

田中　飛行機に乗れない人でも、遠くまで移動したときの体験が得られるのですね。

坂井　世界人口に占める飛行機に乗る人の割合というのは6%に過ぎないそうです。そんなに少ないの?と思いましたけれど、数値で表れるものと、自分の実感値が一致しないことってありますよね。

田中　数値を知ると物事の見え方も変わりますね。私が最近注目したのは、60歳の25%が、貯蓄100万円未満という調査結果です(※)。日本で進んでいる高齢化社会の現実をつきつけられる数字だと思いました。金融庁金融審議会の「老後に2000万円必要」という報告書が話題になった後に発表されたアンケートでした。

坂井　田中さんは2014年に慶應義塾大学の大学院を出られていて、ビジネスを成功させてもなお、学問に向かわれましたね。

田中　当時の自分はJINSを始めて、クオリティの高いモノをリーズナブルに売っているという自負があったのですが、それでもJINSを選ばない人が一定数いる。世の中のお客様はなぜ不合理な買い物をするのか不思議に思ったのです。研究で解明して消費者の意識を変えたいと思ったのです。

坂井　何か見えて来ましたか。

田中　結局は、単純に明快な解を得られることではないことがわかりました。

坂井　でも、そういうことにトライすること自体がいいよね。アントレプレナーの創出を支援することもされている？

田中　群馬で行っています。群馬イノベーションアワードを始めて6年が経ちました。地域の起業家を発掘するイベントなのですが、今では会場に３５００人ぐらい集まるまでに成長しています。起業家育成を目的としている群馬イノベーションスクールには1年に30人参加しています。

群馬で新しいビジネスを始める人が少ない背景には、起業家の地位がまだ低いということもあります。東京では起業家は、割と恰好よく見えます。それに対して、群馬では県庁とか群馬銀行に勤めるほうが、ステータスが高いという実態がありますので、起業したい人がチャンスを掴めるように支援していきたいと考えています。

坂井　田中さんのような起業家が、世界をリードする姿を見て、それに続く人たちが生まれてくるのだと思います。地域発の起業家が、日本の産業に新たな刺激をもたらしてほしいですね。

※プルデンシャル ジブラルタ ファイナンシャル生命保険調べ

（2019年6月収録）

考えを事業にしていく楽しさとスピード感

ＪＩＮＳほど、テクノロジーに関心を持っているメガネメーカーは世界を見渡しても、なかなかないのではないでしょうか。田中さんは、視力を測って、フレームを決めて、レンズを切って、という旧来型のメガネのビジネスモデルをまったく違うものに変えました。さらに、アイウエアで見るものだけでなく、人々の人生を拡大するための挑戦をしていて、「Think Lab」という集中できるワークスペースのサービスも始めました。先見の明のある人、ビジョナリーです。そして現在は、起業家の育成も活発に行われています。

僕が１９６０年代、サンフランシスコでＴシャツの会社をつくった頃は、起業するんだという意識はありませんでしたが、思い返せば、今でいうところのベンチャー企業だったなと思います。１９７０年代に入ってからは、原宿にブティックをつくりました。原宿を選んだ理由は、新宿や渋谷より土地が安かったから。大資本が入っている土地では、ちびっこのベンチャー企業がでていけないですからね。コムデギャルソンの川久保玲さんなどと店舗スペースをシェアして借り、アパレルビジネスをしていました。その後、30社近く新会社を立ち上げる手助けをしていました。考えたことを事業化すること自体が面白いんです。

田中さんは「振り切るとそもそも気持ちがいいですし、成功しても失敗しても何らかの学びがある」と話していましたが、まったくその通りで、ベンチャー企業は、つまらない成功よりも面白い失敗をするから成長していくのだと思います。

デジタルの浸透によって、ベンチャー企業でも、自らECサイトを構築し、直接消費者とつながって、ファンを拡大しながら販売していく「D2C」のビジネスモデルで急成長することができるようになりました。

中国のベンチャー企業は、そのスピードがものすごく速い。先述した電子タバコ「YOOZ」は、ソーシャルメディアの口コミからECに遷移させ、1日に約8000万円をも売り上げ、その成長していく過程を僕はデザインを手伝いながら傍らで見ていました。春節の定番ギフトであるタバコの代替品として電子タバコを贈るブームの波にのり、9万円〜60万円のギフトボックスをつくったのも特徴です。元人気漫画家で「YOOZ」を買収した投資家の蔡躍棟さんは、「電子タバコのマーケットが消えないうちに、買収して時間をお金で買う」という発想でビジネスをしていました。事業を形にして、1カ月で3億円の利益を出せる。さらに月25億まで伸ばし、国の方針が変わって規制がかかったら次の月は利益ゼロ。その強烈な速度感は僕を夢中にさせました。

新型コロナウイルス出現以降、社会環境や生活が激変し、新しい世界に適応していくスピード感や、希望を見出すビジョン、そしてテクノロジーが、より求められています。読者の皆さんも勇気を持って一歩前に踏み出し、それぞれのイノベーションをおこしてください。

宣伝会議 の書籍

見通し不安なプロジェクトの切り拓き方

前田考歩・後藤洋平 著

今日の社会では、幅広い領域でルーティンワークではない仕事、すなわち「プロジェクト」が発生しています。本書では、様々なプロジェクト実事例に沿って、未知で困難なプロジェクトの切り拓き方を紹介。映画監督 押井 守氏の特別インタビューも収録しています。

■本体1800円+税 ISBN 978-4-88335-490-0

ほんとうの欲求は、ほとんど無自覚

大松孝弘・波田浩之 著

「ほんとうに欲しいもの」は本人も自覚できていません。重要なのは、「本人も無自覚な不満」を理解することです。本書では、この「無自覚な不満」を起点にして、「ほんとうに欲しいもの」を見つけるシンプルなフレームワークを紹介します。

■本体1500円+税 ISBN 978-4-88335-478-8

恐れながら社長マーケティングの本当の話をします。

小霜和也 著

「マーケティングが経営の重要な一角を占める」という認識が広がる昨今、宣伝部・マーケティング部だけでは企業のマーケティング全体は担えない。しかし他部署と連携せず、遠慮や忖度で調整に終始してしまう…。こんな状況を打破するための指針となる1冊。

■本体1800円+税 ISBN 978-4-88335-484-9

言葉ダイエット メール、企画書、就職活動が変わる最強の文章術

橋口幸生 著

なぜあなたの文章は読みづらいのか？ 理由は、ただひとつ。「書きすぎ」です。伝えたい内容をあれもこれも詰め込むのではなく、無駄な要素をそぎ落とす、「言葉ダイエット」をはじめましょう。すぐマネできる「文例」も多数収録しています。

■本体1500円+税 ISBN 978-4-88335-480-1

坂井直樹
（コンセプター／ウォーターデザイン代表取締役）
1947年京都生まれ。
京都市立芸術大学デザイン学科入学後、渡米し、68年、Tattoo Company を設立。刺青プリントのTシャツを発売し大当たりする。73年、帰国後にウォータースタジオを設立。87年、日産「Be-1」の開発に携わり、レトロフューチャーブームを創出。88年、オリンパス「O・product」を発表、95年、MoMAの企画展に招待出品され、その後永久保存となる。04年、ウォーターデザイン（旧ウォーターデザインスコープ）を設立。05年、au design project からコンセプトモデル2機種を発表。08年〜13年、慶應義塾大学湘南藤沢キャンパス教授。著書に『デザインのたくらみ』『デザインの深読み』など。

好奇心とイノベーション
常識を飛び越える人の考え方

発行日　2020年4月30日　初版
著　者　坂井直樹
発行者　東 彦弥
発行所　株式会社宣伝会議
〒107-8550 東京都港区南青山3-11-13
tel.03-3475-3010(代表)
https://www.sendenkaigi.com/

装　丁　井上広一 (ORYEL)
表紙カバー写真　石原さくら
印刷・製本　図書印刷株式会社

ISBN 978-4-88335-495-5
Printed in Japan